新手创业指南系列

从零开始学创业

● 创业准备·团队建设·
  经营运作

新创企业管理培训中心 —— 编

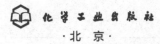

内容简介

《从零开始学创业：创业准备·团队建设·经营运作》一书主要包括三部分内容。第一部分为创业准备，包括了解创业类型、把握创业时机、选择创业项目、确定创业形式和筹集创业资金5章内容；第二部分为团队建设，包括团队组建、团队沟通、人才培养、团队激励和文化建设5章内容；第三部分为经营运作，包括完善管理制度、做好财务管理、税务筹划管理、风险防范管理和职业生涯规划5章内容。

本书采取模块化设置，内容实用性强，着重突出可操作性，是一本非常实用的指导手册和入门工具书。可供有志于创业的毕业生、职场人士阅读，希望能为初创企业进行针对性的管理、业绩提升提供指导和帮助。

图书在版编目（CIP）数据

从零开始学创业：创业准备·团队建设·经营运作／新创企业管理培训中心编．—北京：化学工业出版社，2023.11（2024.9重印）
（新手创业指南系列）
ISBN 978-7-122-43991-8

Ⅰ．①从⋯　Ⅱ．①新⋯　Ⅲ．①创业-基本知识　Ⅳ．①F241.4

中国国家版本馆CIP数据核字（2023）第150905号

责任编辑：刘　丹　陈　蕾　夏明慧　　　　装帧设计：溢思视觉设计／程超
责任校对：宋　玮

出版发行：化学工业出版社（北京市东城区青年湖南街13号　邮政编码100011）
印　　装：北京建宏印刷有限公司
787mm×1092mm　1/16　印张11¼　字数215千字　2024年9月北京第1版第2次印刷

购书咨询：010-64518888　　　　售后服务：010-64518899
网　　址：http://www.cip.com.cn
凡购买本书，如有缺损质量问题，本社销售中心负责调换。

定　　价：68.00元　　　　　　　　　　　　　　　　　　　　　版权所有　违者必究

前言 PREFACE

随着社会经济的不断发展以及"大众创业"观念的深入人心，越来越多的人会选择自主创业。在创业的过程中，新手的创业资金往往比较少，因此许多人都渴望寻找到可以白手起家的创业点子。

创业已经成了大家最为关注的热门话题之一，越来越多的人踏上了自主创业的道路。创业是致富的最佳途径之一。成功的创业活动不仅能使创业者收获巨大的个人财富，还能让社会的总体财富增值。然而创业成功并不容易！

如今创业机会众多，创业前景广阔，随着青年创业意识的觉醒和国家相关政策的大力扶持与支持，更多的青年人投身到创业活动中。

几乎所有的创业者在创业初期都是新手。新手要怎样开始创业，新手创业要注意些什么呢？新手创业要学会搜集信息、寻找资源、调整心态，也要掌握注册登记、运营管理、财税管理、法律事务方面的知识和技能。

创业不应该是一个暂时的想法，而是一场长期的心理战。创业之前，创业者应该做好打持久战的准备，找到合适的项目，整合自己的资源，大胆尝试，并为因创业而产生的生活质量下降做好准备。

一个创业者从创业起步准备、找合伙人、搭建团队，到融资、分配股权、税务筹划，再到开发客户、保持利润增长、避免法律风险、危机化解等方面，都需要去考虑。

基于此，我们组织编写了"新手创业指南系列"三本书，具体包括《从零开始学创业：创业准备·团队建设·经营运作》《从零开始学开公司：注册登记·运营管理·财税管理·法律事务》《从零开始学股权设计：架构·激励·分配·转让》。

其中，《从零开始学创业：创业准备·团队建设·经营运作》一书主要包括三部分内容。第一部分为创业准备，包括了解创业类型、把握创业时机、选择创业项目、确定创业形式和筹集创业资金5章内容；第二部分为团队建设，包括团队组建、团队沟通、人才培养、团队激励和文化建设5章内容；第三部分为经营运作，包括完善管理制度、做好财务管理、税务筹划管理、风险防范管理和职业生涯规划5章内容。

本书采取模块化设置，内容实用性强，着重突出可操作性，是一本非常实用的创业指导手册和入门工具书，可供有志于创业的毕业生、职场人士阅读，能为所创办的公司、企业进行针对性的管理、业绩提升提供指导和帮助！

由于笔者水平有限，书中难免出现疏漏之处，敬请读者批评指正。

编 者

目录 CONTENTS

第一部分 创业准备

第一章　了解创业类型　004
一、毕业创业　004
　创业分享　大学生创业的优势与弊端　006
二、辞职创业　007
三、兼职创业　009

第二章　把握创业时机　011
一、创业机会的来源　011
二、创业机会的分类　012
三、创业机会的特征　012
　创业分享　如何抓住创业机遇　014

第三章　选择创业项目　015
一、市场调研分析　015
二、项目可行性分析　017
三、制作商业计划书　023

第四章　确定创业形式　029
一、个体工商户　029
二、个人独资企业　030
三、一人有限责任公司　032
四、合伙企业　033
　创业分享　创业期企业的合伙人制　036
五、有限责任公司和股份有限公司　038
　创业分享　如果要创业，该怎样选择企业类型　042

第五章　筹集创业资金　　044
一、预测启动资金　　044
二、筹集资金的原则　　048
三、筹集资金的途径　　050
四、寻找投资人　　051
　　创业分享　了解天使投资与风险投资　　053

第二部分　团队建设

第六章　团队组建　　060
一、什么是团队　　060
二、设计团队组织架构　　062
　　创业分享　科技型初创企业该如何设置组织架构　　063
三、招募合伙人　　065
　　创业分享　合伙人应具备哪些特质　　068
四、招聘团队成员　　069
　　创业分享　如何让员工能力互补，人尽其才　　070

第七章　团队沟通　　073
一、什么是沟通　　073
二、沟通的方法　　074
三、有效沟通的障碍　　076
四、特殊的沟通技能——倾听　　077
五、沟通中的反馈技巧　　080
　　创业分享　如何与下属沟通　　082

第八章　人才培养　　085
一、识别员工的能力　　085
二、建立企业接班人计划　　087
三、制定人才选拔的标准　　088
四、选拔优秀的人才　　089
五、实施人才培养计划　　090

第九章　团队激励　　092
一、情感激励　　092

二、尊重激励　　095
　　三、榜样激励　　098
　　四、晋升激励　　101
　　　　创业分享　企业如何应用晋升体系　　105
　　五、股权激励　　106
　　　　创业分享　初创企业如何做好股权激励　　109

第十章　文化建设　　111
　　一、什么是企业文化　　111
　　二、企业文化对于初创企业的意义　　111
　　三、企业文化建设的内容　　113
　　四、企业文化建设的策略　　114
　　　　创业分享　科技型初创企业团队文化如何构建　　116

第三部分　经营运作

第十一章　完善管理制度　　124
　　一、制度管理的重要性　　124
　　二、制度管理的方式　　124
　　三、制度管理的技巧　　125
　　　　创业分享　初创企业必备的规章制度　　126

第十二章　做好财务管理　　128
　　一、财务制度管理　　128
　　二、财务预算管理　　129
　　三、财务分析管理　　130
　　　　创业分享　利润表与资产负债表的异同　　138
　　四、成本控制管理　　139
　　五、股权融资管理　　146

第十三章　税务筹划管理　　149
　　一、税务筹划的原则　　149
　　二、税务筹划的关键时机　　150
　　三、税务风险防范　　151

第十四章 风险防范管理   **157**

   一、创业风险的含义   157
   二、创业风险的类型   157
   三、创业风险的管理策略   158
   四、常见风险的防范措施   159
      创业分享 创业者要知道的几类潜在风险   160

第十五章 职业生涯规划   **164**

   一、职业生涯规划的概念   164
   二、职业生涯管理的目标   164
   三、职业生涯规划设计的意义   164
   四、职业生涯规划设计的步骤   165
   五、员工职业生涯规划设计的要点   168

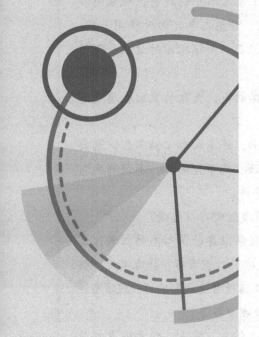

第一部分

创业准备

阅读索引：
- 了解创业类型
- 把握创业时机
- 选择创业项目
- 确定创业形式
- 筹集创业资金

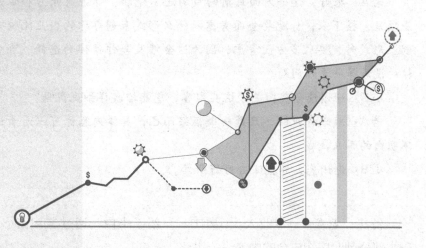

小B：A总，您好！很荣幸认识您！我今年刚大学毕业，想自己创业，可是家人不理解，让我很苦恼。

老A：小伙子想法很好！随着经济的发展，人们生活水平的提高，越来越多的人想通过自己的努力去创业。特别是当代年轻人，都想在年轻的时候闯一闯。有创新，想创业，是很好的，但是能够创业成功要经历一个很艰难的过程，有很多的因素要考虑，也有很多准备工作需要做好。

小B：嗯嗯，我知道，创业从来就不是一件简单的事，失败的案例也屡见不鲜，所以想请您为我指点迷津。

老A：谢谢你的信任。面对如火如荼的创业浪潮，许多人都心动不已，想要摆脱替别人打工的命运，自己当老板。然而古语有云"凡事预则立，不预则废"。创业也是如此，贸然行动的话，很可能会以失败而告终。

小B：我希望自己能成功，您能给我说说创业前要做哪些准备吗？

老A：创业就是一场与自己对峙的战争，首先应该准备的是心态的归零，创业是一场持久的心理战。在创业之初，要做好打持久战的心理准备，找准项目，整合好自身资源，大胆尝试，将目光放远，要有能承受生活质量受到影响的心理准备。

小B：嗯嗯，自从有了创业的想法，我就做好心理准备了。

老A：有了心理准备，接下来你就要了解怎么去创业。首先，你要瞅准创业的时机，在正确的时间干正确的事情会事半功倍。其次，你要选对创业的项目。在选择创业项目时，一定要认清自己的特长，同时也要做好市场调研，看项目是否有价值。你想好创业的项目了吗？

小B：我要创业的项目是我大学所学的专业，是关于××方面的。

老A：很好，这个方面目前的市场还不饱和，你很有能力和眼光。确定了创业项目，接下来，你就要全面考虑以什么形式来创办你的企业比较合适。在选择创业形式时，要从多方面考虑，因为这会涉及合作伙伴的选择、资金的筹集、股权的设计等一系列问题。

小B：谢谢您夸奖！关于这些内容，您能给我详细说说吗？

老A：我跟你说的，只是一个框架而已，具体内容你可以看看这份资料，有不明白的再来找我。

小B：谢谢您，那我回去好好研读。

备注：老A——专业人士，小B——新手小白；通过老A和小B的对话，对于本部分创业应知应会的内容进行讲解。

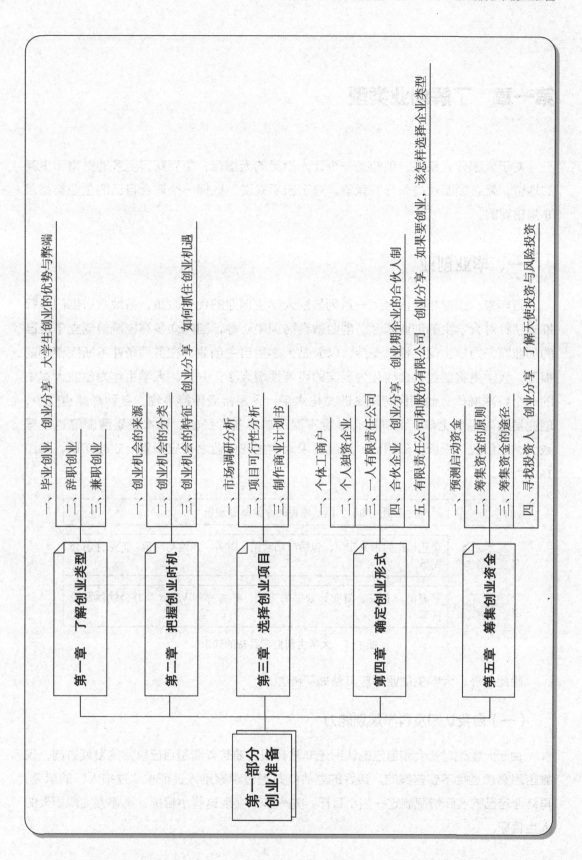

第一章　了解创业类型

对于大部分人来说，创业是一个让人垂涎的大蛋糕，想要获得更多的财富和更高的地位，就必须面对与同行的竞争。对于新手来说，选择一个适合自己的创业类型是非常重要的。

一、毕业创业

近年来，国家相继出台了一系列鼓励大学生创业的优惠政策，各地政府部门也都推出了针对大学生的创业园区、创业教育培训中心等，国内众多高校纷纷创立了自己的创业园，为学生创业提供支持，以鼓励大学生自主创业。在各种条件不断完善的前提下，大学生将创业机会转化为现实的可能性增大了。并且，大学生作为创业大军中的一个特殊群体，他们拥有较高的文化水平，容易接受新鲜事物，各种牵绊也较少，创业更容易轻装上阵。但同时，涉世不深、缺乏各种经验、资本积累薄弱等也是导致大学生创业"夭折"的原因。这就要求大学生在创业之初应积累一定的知识，如图1-1所示。

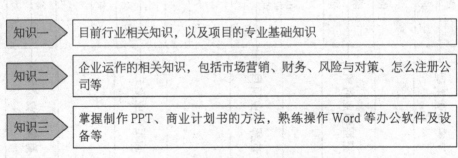

图1-1　大学生创业应具备的知识

除此之外，大学生创业还应具备如下能力。

（一）自我认知及科学规划能力

由于大学生对社会和自己的认识还非常有限，要想弄清楚自己以后的发展方向，仅靠苦思冥想是找不到答案的。最好的办法就是通过观察别人，征求"过来人"的意见，再结合自己的实际情况制定一些小目标，先一步步实现这些小目标，再慢慢实现更大的人生目标。

（二）胆识和魄力

创业者本人就是团队的灵魂。团队开始运营后，甚至在筹备之初，就会面临各种各样的决策，你的一举一动都左右着创业的发展走向。你自主地做出决策时，必须谨慎而果断，一旦优柔寡断就可能失去一个绝佳的商业机会。同时，做决策的胆识和魄力一定是建立在深思熟虑的基础之上的，既要规避风险又要兼顾利益最大化。

> **创业启示**
>
> 创业需要胆识和魄力，但绝不是赌博。激情满怀、义无反顾的态度固然值得赞许，但最好还是理智创业。

（三）交际协调能力

在创业实践过程中，交际协调能力与大学生创业发展有着重要关系，如果能够处理好新闻媒体、政府、客户等多方面的公共关系，并有效调节各部门之间的关系，则可以促进企业长远发展。因此，大学生提高自身创业能力的时候，要学会处理师生、同学、朋友等多方面的关系，才能在实际创业的过程中获得政府、税务部门的大力支持。

另外，大学生创业者在开始创业后必定会接触到各种不同类型、身份的人，而接触的人大多跟自己的利益有关联，所以创业之初就要学会跟各种人打交道。要尽可能地拓宽人脉，结交朋友，寻求更多的投资机会。在与前辈的交流和学习当中，大学生创业者还应不断认识到自己的不足，从而有针对性地加以改善。

（四）处理突发事件的能力

创业过程中，会不可避免地出现一些突发事件。当事情发生的时候，你需要积极地应对，而不是惊慌失措、束手无策。

"好事不出门，坏事传千里"，任何一件突发事件，如若处理不当，就会使你的形象一落千丈，甚至损害企业形象。处理好突发事件，不仅可以让创业团队化险为夷，妥善解决问题，而且可以让消费者更加认同你或者你的团队，并为你传播好口碑。

（五）经营管理能力

在大学生创业实践能力中，经营管理能力的综合性和层次更高，在创业实践过程中发挥着运筹帷幄的重要作用。通常情况下，经营管理能力是指资金和人员方面的管理能力，与创业组织、安排、计划等有着密切关系，是提高资金利用率的重要保障。在创业实践中，大学生只有从经营、管理、用人、理财等多方面进行学习，才能真正提高自身的经营管理能力。

（六）决策能力

一般情况下，决策能力是一个人综合能力的具体表现，大学生如果想要成为优秀的创业者，就必须先成为一个合格的决策者，通过自己的判断、分析来制订某个项目规划或计划，这样才能确保创业发展方向的准确性，从而按照发展目标有序发展。大学生创业实践必须注重决策能力的不断提高，与社会发展相适应。

（七）创新能力

在实际进行创业的过程中，创新能力与大学生的创业素质有着重要关联。创业能力主要包括两部分，如图1-2所示。

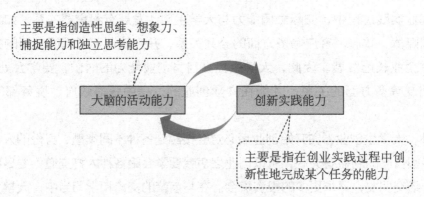

图1-2 创新能力的内涵

由此可见，创新能力与大学生的知识面、技能、心态和实践经验等有着极大的关联性。

大学生创业的优势与弊端

1.优势

（1）大学毕业生往往对未来充满希望，他们有着年轻的血液、蓬勃的朝气，以及"初生牛犊不怕虎"的精神，而这些都是一个创业者应该具备的素质。

（2）大学生在学校里学到了很多专业理论知识，有着较高层次的技术理论优势，技术的重要性是不言而喻的，大学生创业可选择走向高科技、高技术含量的领域，"用智力换资本"是大学生创业的特色。一些风险投资家往往就因为看中了大学生所掌握的先进技术，而愿意对其创业计划进行资助。

（3）现代大学生有创新意识，不喜欢受传统观念束缚，敢于突破传统行业，勇于创新，而这种创新意识往往也是大学生创业的动力源泉，是成功创业的精神基础。

2. 弊端

（1）大学生社会经验不足，常常盲目乐观，没有充分的心理准备。对于创业中的挫折和失败，许多创业者感到十分痛苦茫然，甚至沮丧消沉。大学生创业者可能看到过很多成功的创业例子，可能会抱有理想主义的心态。其实，成功的背后是更多的失败。只有既看到成功，也看到失败，才能使年轻的创业者变得更加理智。

（2）急于求成、缺乏市场意识及商业管理经验，是影响大学生成功创业的重要因素。大学生虽然掌握了一定的书本知识，但终究缺乏必要的实践能力和经营管理经验，且由于对市场营销等缺乏足够的认识，很难一下子胜任企业经理人的角色。

（3）有的大学生对创业的理解还仅仅停留在一个美妙的想法与概念上。在大学生提交的相当一部分创业计划书中，许多人还试图用一个自认为很新奇的创意来吸引投资。但现在的投资人看重的是你的创业计划真正的技术含量有多高，在多大程度上是不可复制的，以及市场盈利的潜力有多大。而对于这些，创业者必须有一整套细致周密的可行性论证方案与实施计划，绝不是仅凭一个想法就能吸引到投资的。

（4）大学生的市场观念较为淡薄，不少大学生很乐于向投资人大谈自己的技术如何领先与独特，却很少涉及这些技术或产品究竟会有多大的市场空间。就算谈到市场的话题，他们也多半只会计划花钱做做广告而已，而对于诸如目标市场定位与营销手段组合这些重要方面，大多没有概念。其实，真正能引起投资人兴趣的并不一定是那些多么先进的技术产品，相反，那些技术含量一般却能切中市场需求的产品或服务常常会得到投资人的青睐。同时，创业者应该有非常明确的市场营销计划，能强有力地证明盈利的可能性。

二、辞职创业

职场，往往也是创业的起点。一个人在职场上，可以学到很多东西。不同的职场从属于不同的行业，是积累经验的地方，也是了解社会的一个窗口。一些人在某个岗位上历练了多年，积累了一定的财富和人脉，会选择辞职创业，想要干出一番事业。

俗话说："机会总是留给有准备的人。"辞职创业的机会，也是留给有准备的人的。

那么，辞职创业前都应该做哪些准备呢？如图1-3所示。

图1-3 辞职创业前应做的准备

（一）评估个人积蓄

选择辞职创业，一定要有足够的积蓄，尤其是对中年人来说，不仅要顾及自己，还要顾及家人，因此，付出的努力要比年轻人多很多，承受风险的能力一定要足够强。而这些，都体现在一个人的积蓄上，如果你没有足够的积蓄，一旦创业的路上出现危机，就会加速你的失败。

（二）评估个人核心价值

创业前要对自己进行分析和总结，尤其是过往职场中经常会犯的错误，要格外注意，在创业的过程中要认真、踏实、努力，不能再犯之前的错误，这样可以提高自己创业的成功率。

每个人都有自己擅长的事，因而逐渐形成了属于自己的标签，这个标签不是你过往所处的职位，而是当别人一提起某个领域，就会联想到你这个人或者是你拥有的某项技能，你的标签将是你未来创业的优势。

（三）评估承受能力和抗压能力

创业都是有一定风险的，尤其是在创业前期，也许创业不会给你带来任何收入，项目推进并不顺利，团队成员与你的意见不合，会面临各种困难。你是否可以扛住压力咬牙坚持，这就需要做一个全面的评估。

（四）评估家人的支持度

辞职创业毕竟不是一件小事，在创业的过程中，无论是从资金还是精力方面投入的都比上班要多，如果家人持反对意见，你不仅得不到助益，还会影响创业的情绪。所以创业前需要和家人沟通,最好可以获得他们的支持和理解,这样才能没有后顾之忧。

(五)评估个人身体状况

无论选择找工作还是创业,都要有一个健康的体魄,没有健康什么事也干不好,更别说创业了。创业需要付出更多的时间和精力,要有充沛的体力,否则创业的路会变得很艰辛,身体会感觉到越来越吃力。

> **创业启示**
>
> 在职场的时候,看看别人是如何辞职而选择创业的,他们的经验值得你去思考和学习。有些成功的经验,是可以复制的。

三、兼职创业

兼职创业是在已有的工作基础上进行二次工作。兼职创业也就是选择一个商业项目来起步、操作,普遍来说,适合边打工边创业的项目规模都比较小,但再小的项目也是个独立运作的创业项目。既然是创业项目,就得按照商业规律办事,需要创业者具备一定的商人特质和相关前提条件。具体需要具备哪些条件才适合边打工边创业呢?如图1-4所示。

图1-4 兼职创业应具备的条件

(一)商业心态

做商业,自然得要具备商业心态,那么商业心态由哪些因素构成呢?简单来说,就是要了解商业的本质在哪里,商业过程与目标结果有什么关系。通俗来说,商业的根本目的是盈利,所谓的市场选择、产品、项目、运营方式等都是过程和工具而已,应该将"以实现盈利为最终目标"作为指导思想。

(二)人脉资源

边工作边创业多为小成本起步,各方面的启动费用预算都比较有限,而起步阶段又是各方面资源耗费的最大时期,必须考虑借助各方面的人脉资源来降低成本,提高工作推进效率。特别是在市场调查、产品储运、客户开发、借壳运行、手续注册等方面，都需要一定的人际关系，这样才能最大限度地保证创业的成功率和稳定性。

（三）时间自由

在边打工边创业的初级阶段，出于成本及业务量的考虑，没办法也没有必要直接招聘员工，许多具体的工作都得创业者自己事无巨细亲自出马。问题是这些需要自己亲自出马的时候大多是在工作时间，这就需要创业者能自由支配时间。一般来说，在一个常规企业里，也只有业务部门和市场部门的人员有机会每天出来活动，这类创业者可趁机处理创业项目业务方面的事情。

（四）开支资源

除去基本的进货资金及必交的固定费用外，商业运行还涉及各式各样的维护性开支成本，如交通工具成本、通信工具成本、办公设备使用成本、资讯来源成本、客户开发成本等，而在创业初期，资金本身就比较有限，利润短期内又见不着，各类开支成本完全要创业者自己承担，难免显得很吃力。这就要求创业者考虑清楚自己本职工作的收入能否承担这些费用开支。

（五）与人交往

做生意就是和人打交道，而且是和各式各样的人打交道，这些人包括零售商、渠道商、消费者等，而与这些人打交道是需要有前提条件和成本的。

比如，得有个合适的平台才能接触到你想要接触到的人，得有交往的时间和空间条件，与客户交往难免会产生一些费用，等等。所以，创业者要考虑清楚，面对这些你将要接触的人，相关的辅助条件是否都具备了。

第二章　把握创业时机

创业时机在很大程度上决定了创业的成败，可以说创业本身并没有正确与错误之分，错误的只是时机而已。掌握了创业时机，就掌握了打开创业成功大门的金钥匙。

一、创业机会的来源

创业机会是未明确的市场需求或未充分使用的资源或能力，它不同于有利可图的商业机会，其特点是发现甚至创造新的目的与手段关系来实现创业收益，对于"产品、服务、原材料或组织方式"有极大的内容革新和效率提高，且具有创造超额经济利润或者价值的潜力。

一般来说，创业机会主要来源于如图2-1所示的几个方面。

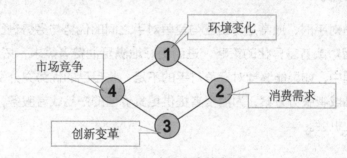

图2-1　创业机会的来源

（一）环境变化

变化就是机会，环境变化是创业机会的重要来源。在当今这个复杂的动态市场环境中蕴藏着各种良机，如产业结构调整带来的新产业发展契机、顾客消费观念转变带来的新商机等。环境变化主要包括如图2-2所示的几个方面。

图2-2　环境变化的表现

（二）消费需求

企业存在的根本目的就是为消费者创造价值，无论环境是否变化，创业机会来源于消费者需求都是永恒的真理。因此，创业机会必定来源于消费者想要解决的问题、消费者生活中感到头疼的问题、消费者新增的需求……而这一切，或许就是消费者明确的需求问题催生出的新创业机会，或许是被人忽略的"蓝海"市场引发的创业机会，又或许是创业者挖掘出消费者的潜在需求而产生的创业机会。

（三）创新变革

每一个发明创造，每一次技术革命，通常都会带来具有变革性、超额价值的新产品和新服务，能更好地满足消费者的需求，伴随而来的则是无处不在的创业机会。一方面，创新变革者本身凭借长期积累的技术优势、创新实力，自然会遇到来之不易的创业机会；另一方面，即使不是变革者，只要善于发现机会，同样可以抓住创业机会，成为受益者。

（四）市场竞争

在分析竞争对手时，通常是将自己与竞争对手之间的优势与劣势进行比较分析，目的是采取扬长避短或者差异化的策略，进而更好地满足消费者需求，拓展市场。因此，在市场竞争过程中，如果能够针对竞争对手的不足，将自己的优势充分发挥出来或者采取差异化的产品或者服务方案，为消费者提供更具价值的产品或者服务，那么，也就找到了绝佳的创业机会。

> **创业启示**
>
> 创业可以理解为竞争。对手的规模决定了你的创业方向，对手的缺点就是你的创业机会。

二、创业机会的分类

根据创业机会的不同来源，创业机会可以分为如图2-3所示的三种类型。

三、创业机会的特征

一般来说，有价值的创业机会具有如图2-4所示的两大特征。

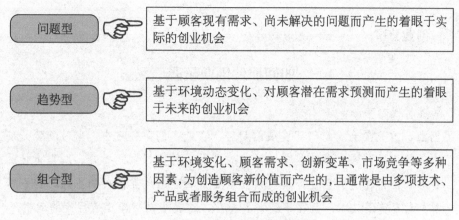

图2-3 创业机会的分类

图2-4 创业机会应具备的特征

（一）独特、新颖、难以模仿

创业的本质是创新，创意的新颖性可以是新的技术和新的解决方案，可以是差异化的解决办法，也可以是更好的措施。

另外，新颖性还意味着一定程度的领先性。不少创业者在选择创业机会时，关注国家政策优先支持的领域就是在寻找领先性的项目。不具有新颖性的想法不仅将来不会吸引投资者和消费者，而且对创业者本人也不会有激励作用。

同时，新颖性还可以加大模仿的难度。

（二）客观、真实、可以操作

有价值的创意绝对不会是空想，而是有现实意义，具有实用价值的。简单的判断标准是能够开发出可以把握机会的产品或服务，而且市场上存在对该产品或服务的真实需求，或可以找到让潜在消费者接受产品或服务的方法。

另外，有潜力的创意还必须具备对用户的价值与对创业者的价值。创意的价值特征是根本，好的创意要能给消费者带来真正的价值。

创意的价值要靠市场检验。好的创意需要进行市场测试。

创业分享

如何抓住创业机遇

1. 掌握时代趋势

要创业,首先要会解析时代发展的趋势。在众多的条件之中,审时度势是创业者要做好的最基础性功课。全球化与地区化的交融、科技力量的提升、新兴市场的蓬勃发展,是当今世界前进的重要因素。创业就要紧紧跟上世界前行的主流。特别是当今科学包含了太多前沿技术,且在不断发展变化,这其中必然蕴藏着巨大的商机。

2. 学会寻找机会

机会的得来绝不能靠守株待兔,每个创业者都应该主动寻找机会。机会的来源也是促成成功创业的关键。第一,要了解客户的需求,什么是他们消费的痛点、甜蜜点和盲点。只有了解了客户承受的极限以及心理认识的盲区,才能给自己的产品比较准确的定价。第二,善于理解政府的新政策和行业的新标准,这同样能较好地指导大学生选择正确的创业方向。拥有敏锐社会嗅觉的经济人,往往能够取得好的回报。第三,要懂得技术转型。

3. 懂得机会评估

机会的存在并不意味着它就必然有执行的价值。机会的再次评估同样值得创业者深思熟虑。热情是创业的基础之一,能达到忘我、忘时、忘记回报境界的人才算得上投入。同时,创新是企业生存的灵魂,一成不变的运作模式早晚会被市场所淘汰。

4. 有承担风险的能力

创业是有风险的,也是十分艰辛的。80%,甚至是90%的创业者,会在最困难的前两年遭遇失败。因此,选择好的团队,拥有良好的承担风险的能力,不断从失败中吸取教训,这样才能为自己的创业之路开个好头。

第三章 选择创业项目

创业项目选择的正确与否直接关系到创业的成败,是所有创业者面临的一个难题。可以说,没有最好的创业项目,只有最合适的创业项目。创业者不仅要寻找创业项目,还要判定创业项目是否适合自己。

一、市场调研分析

遇到商机需要先做市场调研,否则不了解市场的供求状况,很容易走弯路。很多创业者认为花费时间做市场调研会消磨自己的创业热情,其实做市场调研也是创业的一部分,如果对市场需求都不了解,那只会是闭门造车。

一般来说,市场调研主要包括如图3-1所示的内容。

图3-1 市场调研的内容

(一)经营环境调研

经营环境调研主要包括以下三个方面。

1.政策、法律环境调研

调查你所经营的业务、开展的服务项目的有关政策、法律信息,了解国家是鼓励还是限制你所开展的业务,有哪些管理措施和手段,当地政府如何执行有关国家法律法规和政策,对你的业务有何有利和不利的影响。

2.行业环境调研

调查你所经营的业务、开展的服务项目所属行业的发展状况、发展趋势、行业规则及行业管理措施。

比如，从事美容美发行业，应该了解该行业在国内及本地区的发展状况，国际、国内的流行趋势和先进美容技术，以及该行业的行业规范和管理制度有哪些。从事服装业，应该了解服装行业的发展趋势、流行色、流行款式、服装技术发展潮流等。

俗话说"行有行规"，进入一个新行当，就要充分了解和掌握该行业的信息，这样才能有助于你尽快实现从"门外汉"到"内行"的转变。

3.宏观经济状况调研

宏观经济是否景气，直接影响到消费者的购买力。如果企业效益普遍不好，经济不景气，你的生意就难做，反之你的生意就好做，这就叫大气候影响小生意。因此，掌握大气候的信息，是做好小生意的重要参数。经济景气时，宜采取积极进取型经营方针；经济不景气时，也存在挣钱的行业，也孕育着潜在的市场机遇，关键在于你如何把握和判断。

（二）市场需求调研

如果你要生产或经销某一种或某一系列产品，应对这一产品的市场需求量进行调研。也就是说，通过市场调研对产品进行市场定位。

比如，你想开发一种家用电器，你应调研一下市场对这种家用电器的需求量，有无相同或类似的产品，它们的市场占有率是多少。又如，你想提供一项专业的家庭服务项目，你应调研一下居民对这种项目的了解和需求程度，需求量有多大，有无其他人或公司提供相同的服务项目，其市场占有率又是多少。

市场需求调研的另一项重要内容是市场需求趋势调研。了解市场对某种产品或服务项目的长期需求态势；了解该产品和服务项目是逐渐被人们认同和接受，需求前景广阔，还是逐渐被人们淘汰，需求萎缩；了解该种产品和服务项目从技术和经营两方面的发展趋势如何，等等。

（三）顾客情况调研

顾客可以是你原有的顾客，也可以是你潜在的顾客。顾客情况调研包括以下两个方面的内容。

1.顾客需求调研

如购买某种产品（或服务项目）的顾客大多是哪类人（或社会团体、企业），他们希望从中得到哪方面的满足和需求（如效用、心理满足、技术、价格、交货期、安全感等），目前的产品（或服务项目）能够较好地满足他们哪些方面的需要，以及为什么能够满足，等等。

2.顾客的分类调研

重点了解顾客的数量、特点及分布，明确你的目标顾客，掌握他们的详细资料。如果顾客是某类企业和单位的话，应了解这些单位的基本状况，如进货渠道、采购管理模式、联系电话、办公地址，某项业务的负责人具体情况和授权范围，对某种产品和服务项目的需求程度，购买习惯和特征。如果顾客是消费者个人，应了解消费群体种类，即目标顾客的大致年龄范围、性别、消费特点、用钱标准，对某种产品和服务项目的需求程度，购买动机、购买心理、使用习惯。掌握这些信息，是为你能有针对性地开展业务做好准备。

（四）竞争对手调研

在开放的市场经济条件下，做独家买卖太难了，在你开业前，也许已有人在做相同或类似的业务，这些就是你现实的竞争对手。也许你开展的业务是全新的，有独到之处，在你刚开始经营的时候，没有现实的对手；一旦你的生意兴旺，马上就会有许多人学习你的业务，竞相加入竞争行列，这些就是你潜在的对手。

"知己知彼，百战不殆"，了解竞争对手的情况，包括竞争对手的数量与规模、分布与构成、优缺点及营销策略，做到心中有数，才能在激烈的市场竞争中占据有利位置，有的放矢地采取一些竞争策略，做到人无我有，人有我优，人优我更优。

（五）市场销售策略调研

重点调查了解目前市场上经营某种产品或开展某种服务项目的营销策略、促销手段和销售方式主要有哪些。

比如，有哪些营销策略，最短进货距离和最小批发环节是什么，广告宣传方式和重点有哪些，价格策略是什么；有哪些促销手段，是有奖销售还是折扣销售；销售方式有哪些，是批发还是零售，专卖还是特许经营等。

调查一下这些经营策略是否有效，有哪些缺点和不足，从而为你决策采取什么经营策略、经营手段提供依据。

二、项目可行性分析

创业项目需要大量的人力、物力、财力投入，在决定投入之前，应该花费一定的时间和精力潜下心去进行详细的市场调查，然后基于真实的量化数据，制作一份详细的、具备一定参考价值的项目可行性分析报告。可以说，这个可行性分析报告是非常重要的一份战略报告,这既是一个项目是否具有商业价值的分析报告,又是一份商业计划书的核心内容。那么,如何才能做好创业项目的可行性分析呢?这就要求创业者能通过数据量化分析,弄明白表3-1所示的内容。

表3-1 可行性分析的内容

序号	分析要素		具体内容
1	行业背景	国家政策	(1)国家对你的行业都有哪些政策? (2)政策的引导方向是什么? (3)国家对你的行业有什么样的扶持政策? (4)各种补贴、税收、活动宣传等扶持政策你怎么才能享受到? (5)是否有各种行政许可的准入门槛?
		社会环境	(1)你所要做的这个行业是否有经济的可行性? (2)行业的当前社会环境如何? (3)是否有利于你的发展? (4)是否有很大的社会价值?
		地域环境	(1)你所在的区域里,原材料、人力资源等的供给是否能满足你的发展? (2)你的目标客户群是否比较集中? (3)这个地域的潜在客户是否能习惯消费你的产品? (4)这个地域里有没有壁垒,比如行政手段、地方势力、同业垄断等情况?
		行业属性	(1)这个行业都有什么样的特征? (2)这些行业属性具有什么样的优势或机会? (3)这些特征可能会带来哪些成本和风险?
		行业周期	(1)这个行业的表现如何? (2)当前属于朝阳行业还是夕阳行业? (3)是一个新兴行业还是传统行业? (4)现在正处于行业领域的启动期、成长期、成熟期,还是衰退期?
		行业趋势	(1)这个行业未来3~5年的发展前景如何? (2)整体的市场趋势是上升还是下降? (3)这里面有哪些关键的条件需要解决?
2	市场状况	市场规模	(1)这个市场可量化的规模能有多大? (2)现在的市场发展状况如何? (3)目前已经实现了多大的市场规模? (4)现在进入这个市场的难度如何? (5)如何找寻合理的市场切入点?
		市场增长	(1)这个市场是属于增量市场还是存量市场,市场的年增长率能有多少? (2)还能有多大的增长率? (3)实现这个增长率的条件有哪些?

续表

序号	分析要素		具体内容
2	市场状况	竞争对手	（1）区域市场内存在着哪些竞争对手？ （2）潜在的竞争者都有谁？ （3）他们都擅长哪些方面？ （4）竞争的激烈程度如何？ （5）竞争者占有多大的市场份额？每年能有多大的GMV（商品交易总额）？ （6）竞争者采用什么样的市场策略？都踩过哪些坑？ （7）竞争对手的口碑如何？他们还需要改善的地方在哪里？
		竞品分析	（1）市场上都有哪些竞品？ （2）竞品都是什么样的产品定位？采用了什么样的产品策略？ （3）竞品的解决方案里有哪些缺陷？现阶段用户使用该产品体验如何？ （4）用户对于竞品的评价如何？用户最渴望改善的是哪些方面？
		市场状况	（1）你的目标客户是哪个群体？ （2）具体的目标用户画像是什么？他们都在什么地方出入？消费地点和场所在哪里？用户在什么场景下会使用你的产品？ （3）细分人群的具体数量有多少？你能触达多少？能分得多少？能成交多少？能复购的有多少？能裂变的有多少？
		用户需求	（1）用户都有哪些需求？他们的痛点是什么？他们最关注的点、成交最多的点是什么？ （2）这些需求的受众面有多大？是大众化需求还是小众化需求？是弹性需求还是刚性需求？ （3）这些用户是否真有这个需求，是否能为这些需求买单？ （4）这些需求是否急迫？急迫强度有多高？ （5）这些需求的黏性有多大？消费频次如何？ （6）需求付费决策的难度如何？ （7）替代品对其决策的影响力如何？ （8）用户愿意为该产品付出的时间和成本是多少？
3	产品实现	产品价值	（1）产品的核心卖点是什么，解决了用户的什么痛点？ （2）这个产品对用户有多大的价值？ （3）产品的用户体验如何？ （4）产品的自动传播性如何？ （5）与竞品相比较，产品的价值如何？ （6）用户是否愿意为这个产品付费，付费意愿有多大？
		产品利润	（1）产品的利润空间如何？ （2）单个客户是否有持续的利润？ （3）销量增加时的成本表现如何？ （4）成本投资回收周期怎么样？ （5）现金流情况如何？ （6）产品的定价有无话语权？

续表

序号	分析要素		具体内容
3	产品实现	产品门槛	（1）产品的门槛有多高？ （2）是否不可替代？ （3）采用了哪些保护性措施？
		产品品牌	（1）产品的品牌是什么？ （2）有什么直观的寓意？ （3）品牌的传播属性如何？ （4）宣传的广告语是什么？ （5）商标是否能申请下来？
		产品方案	（1）当前的产品是怎样的？ （2）有哪些针对用户需求场景的解决方案？能解决客户的哪些问题？ （3）产品有哪些优势？
		产品周期	（1）产品的生命周期是多久？ （2）现有产品处在哪个周期性阶段？ （3）这个产品的销售还能做多长时间？哪些因素会导致产品走向衰落？ （4）如何延长这个产品的生命周期？
		产品改进	（1）产品的劣势在哪里？与目标产品还有多大的差距？实现目标产品的必要条件是什么？减少差距的方式有哪些？ （2）对于现有产品有没有升级的可能？ （3）从MVP（Minimum Viable Product，最简化可实行产品）最小成本模型到完整的目标产品是否容易实现？
		技术能力	（1）团队的技术能力如何？技术在市场上是领先还是比较先进？是否需要借助外援或者技术服务外包？ （2）目标产品在技术上是否可以实现？采用什么样的技术方案实现？技术上能保持多长时间的优势？
		产品设计	（1）产品设计理念是什么？设计参考的样板是什么？ （2）产品设计的风格什么样？款式设计成什么样？这样的设计有什么优点和缺点？设计是否具有易用性？设计是否具有良好的传播性？
		产品制造	（1）原料供应、生产技工、生产设备、生产能力、物料仓储、品控质检、物流发货、货款交易是否有保障？ （2）成本是否在合理可控的范围内？ （3）是否能如期保质保量地交货？
		产品流通	（1）产品流通渠道有哪些？ （2）合作的方式是什么？ （3）流通的成本如何？ （4）哪些渠道是自己可以合作的？ （5）流通渠道能为自己创造多大的效益？ （6）自己能否自建渠道？自建渠道的成本如何？自建渠道需要多长时间？ （7）流通渠道的产品宣传方案具体怎么做？ （8）如何监测宣传效果？ （9）财务如何结算？

续表

序号	分析要素		具体内容
4	商业模型	模型原理	(1)如何用一句话说清你的项目定位,你做的是一件什么事? (2)怎么样用最简单的图示,表达清楚你的商业模型原理?要让别人一看就懂,一听就明白。
		盈利模式	(1)你想通过什么方式盈利? (2)用户付费需要哪些前提条件?如何具备这些条件,实现整个成交盈利的路线怎么进行? (3)多长时间可以开始盈利,多长时间不盈利仍可以维持日常运营?
		目标计划	(1)项目总体性和阶段性的量化目标分别是什么? (2)时间关键节点有哪些?怎样保证在计划的时间节点实现目标? (3)运营过程中的关键指标是什么? (4)实施的计划怎样进行?如果异常情况出现,有怎样的方案保证目标能如期实现?
		运营策略	(1)有没有成熟的运营策略?这个实施策略是否具备可行性?由谁负责整体的实施过程?这个策略的实施周期是多长? (2)什么情况下对策略进行更新?
		实施方法	(1)怎样获取客户,特别是第一批种子用户? (2)怎样实施用户孵化? (3)怎样实现成交转化? (4)怎样实现复购? (5)怎样实现裂变? (6)整个实施方法的前提条件是什么? (7)实施过程中有哪些不确定的因素?如何应对解决?
		验收标准	(1)是否有关键指标衡量各项计划和实施方案执行的成效? (2)整体的验收标准是否合理、高效? (3)有没有数据调整、优化与反馈的机制? (4)由谁负责验收商业运营的过程和结果?
5	团队建设	组织架构	(1)组织架构是什么样的?属于什么类型?是否能让分工更加合理、高效? (2)部门协调是否有难度? (3)设计这种组织架构的目的是什么? (4)还能如何优化?
		工作机制	(1)应该有一个什么样的工作流程? (2)建立一个什么样的工作氛围? (3)作息时间怎么安排? (4)应该建立什么样的岗位职责、工作标准、工作规范、考核机制?
		保障与激励	(1)团队的薪资结构怎么制定? (2)员工的社保缴费是什么标准? (3)各种福利政策怎样设计? (4)合伙人股权、期权激励怎么设计? (5)采用哪些方式能有效地激励团队工作?

续表

序号	分析要素		具体内容
5	团队建设	团队现状	（1）核心团队的背景履历是什么情况？个人的能力水平如何？ （2）团队有什么样的优势？ （3）在不影响大局的情况下，能否一人身兼多职？ （4）哪些人是可以信任的？ （5）哪些人是需要交心的？ （6）哪些人的潜力是可以深挖的？ （7）哪些人是需要培训的？ （8）哪些人是不可或缺的中坚力量？
		团队发展	（1）岗位计划人员数量需要多少？ （2）哪些岗位处于缺人的状态？需要补充什么样的人选？ （3）如何进行招聘？ （4）如何进行培训？ （5）通过什么方式凝聚人心？ （6）希望打造一种什么样的团队文化？ （7）团队建设是否合理高效？
6	财务预算	投资预算	（1）根据员工薪酬福利、房租、装修、设备设施、水电、研发费用、销售费用、办公费用、财务费用、批量产品生产成本、维护成本等，精算出前期需要投入多少资金。 （2）最小MVP产品成型的投入需要多少？ （3）项目推进中还需要多少资金？各项资金如何使用？ （4）现金流量怎么计划？ （5）现有资金多长时间会用完？ （6）如果项目进展不顺利，还需要多少资金才能够把项目做起来？
		资金筹备	（1）预算的资金是否准备充足？ （2）有多少钱现在可以使用？有多少钱将来可以使用？ （3）如果钱不够的话，还能从哪里筹到钱？采用什么方式筹措资金？什么时候开始筹集？ （4）没有钱还可以存活多久？ （5）如果项目失败，怎样偿还所有债务？
		投资风险	（1）在这个项目里有哪些潜在的风险？包括政策风险、社会风险、行业风险、市场风险、运营风险、组织风险、技术风险、财务风险、法律风险等，如何进行预见性的评估？ （2）这些风险会给我们带来哪些损失？ （3）是否有相应的风险防控对策？
		投资收益	（1）这个项目正常的投资收益率如何？ （2）投资收益如何分配？ （3）怎样保障投资回报率？
		投资的必要性	（1）这个项目成功的条件是否都具备？ （2）成功的概率有多大？ （3）投入与产出是否比较合理？ （4）投资的成果是否能满足投资人的需求？ （5）如果未成功的话，创业者是否能承担起整体的责任后果？

> **创业启示**
>
> 　　创业者要凭借以上真实的数据分析,透彻了解这个项目是否大概率能成功,才能向前推进这个项目。凡是"我感觉""我认为""我猜测"这类的直觉性决策,很容易失败。要做好各项准备工作,防止因为缺乏必要条件而浅尝辄止。

三、制作商业计划书

商业计划不是一个简单的计划,它是能够指导企业运行的一个管理工具。企业在建立之初要吸引投资者,吸引雇员,但并不是说只做到吸引投资者和雇员就行了,还要有一定的企业运营、发展计划、目标,以指导自己未来的工作。

商业计划书有助于帮助创业者说服投资人,且能让执行者对实施措施一目了然。因此,厘清商业计划书的制作要点十分重要。

商业计划书英文为 Business Plan,简称BP,是一份全方位的项目计划,是创业融资的"敲门砖"。优质的商业计划书是企业成功融资的第一步,它的作用就像预上市公司的招股说明书。商业计划书要对项目的产品或技术、商业模式、团队、竞争对手、竞争优势、财务计划等方面进行陈述和分析,方便投资人对投资对象进行初步评审和考察,是投资人面谈创业者的前提。随着融资程序的日益规范,商业计划书已经成为投资人审批项目的正式文件之一。

所有的商业计划书都应该从"摘要"开始,紧接着是产品理念,其他部分可视情况而定。总之,你要选择最好的表达方式来表明此计划可以成功。

一般来说,商业计划书的结构包括以下方面。

(一)摘要

如非特殊情况,摘要不能超过一页。它的作用是简要阐述产品理念,但要注意,一定要非常简洁。要尽量使用★号来分列观点,而不用名字或段落来展开。越是扼要的观点,就越容易被理解与记住。

同时,摘要是商业计划书中最重要的一部分。很多人通常在读完这一页就做出决定,而不愿费神去读后面更详细的内容。

(二)产品及经营理念

这部分主要是让读者清晰地看到你要进入的领域、所经营的产品,以及该产品的市场定位。总的来说,它要回答若干个"为什么"的问题。

要点如下:

（1）大致描述一下该产品。
（2）指出要进入的领域。
（3）满足顾客的什么需求？
（4）顾客为什么有这些需求？
（5）公司是否有资源对该产品进行研发、推广、销售或物流运输？如果没有，如何才能有效地得到这些资源？
（6）如何把产品及其优势告诉潜在用户？它有可能被视作珍品或易使用的东西吗？
（7）与对手或其他能满足用户需求的东西相比，该产品有何竞争优势？是技术优势，还是独特的定位？
（8）如何保持这种竞争优势，是否通过技术专利或排除其他竞争障碍？
（9）至今为止，你在该领域有哪些工作经验，如是否有与潜在客户沟通的能力，是否了解他们对产品的看法？
（10）其他可能存在的机会：是否能与已有业务共享设备及渠道？

（三）市场机会

这部分将介绍产品有什么市场机会，机会有多大，它的生命周期是多久。
（1）如何评估产品（或服务）的市场前景？
① 描绘市场发展趋势，并分析。
② 估计市场增长率，并分析。
（2）在既定的竞争态势和用户需求条件下，该产品能占有多大的市场份额？此市场份额能给公司带来多少利润？
（3）有何优势及资源能给公司带来较明显的盈利？
（4）这个市场是否具有活力，发展速度是否较快，前景是否广泛，有无下降的趋势？
（5）该产品的生命周期是多长？在产品的既定生命周期内，如何有步骤地进行市场运作？如何打开市场缺口？
（6）产品（或服务）是否有扩展性，以便扩大市场前景，延长生命周期？
（7）能否通过技术、定位或细分市场来挖掘非同一般的市场机会？
（8）进入市场的难易程度如何？
（9）最关键的是如何通过与顾客接触、访谈、试验或其他方法，收集销售信息及用户反馈？

（四）竞争分析

这部分主要是为了表明此商业计划是建立在现实的基础之上的，因为它指明了计划成功可能面临的阻碍，并设计了克服的方法。它实质上要回答这样一些问题：在业已存在的竞争环境中,该计划是否会泡汤?如果成功地打开了一个市场,能否在这个市场中持久发展?千万要记住,有时候表面上看没有明显的竞争,可潜在的竞争其实非常可怕。

既然存在竞争,就要指出竞争对手有多少,以及他们在这个领域里的地位。竞争分析主要包括以下方面。

(1)直接竞争对手:他们占有的市场份额,他们的优势与弱势,广告与促销,对新进入者可能采取的阻击措施。

(2)间接竞争对手:市场可能出现的追随者,相关领域的合作者。

(3)如何对产品进行差异化定位:与竞争对手有何不同、有何特点和优势、卖点是什么?

(4)在提炼竞争性卖点时,能否进一步发展,使用户更明显地感知它的好处?

(5)在满足用户需求方面,有什么可替代产品?

(6)与直接竞争对手或可替代产品相比,在价格上是否有优势?

(五)个人经历和技能

这部分主要是告诉投资者企业创始人是否有能力将业务推向成功,比如:

(1)你能给新业务带来什么?

(2)该产品与你的技能、过去的经历有何关系?

(3)你的团队对新业务有何助益?

(六)市场导入策略

这部分将说明如何启动新计划。即如何在市场上吸引首批客户,具体包括以下方面。

(1)产品生产出来后,如何以最快、最省钱、最小风险同时又能阻击对手的方式把它导入市场?

(2)此阶段如何制定渠道政策、广告及促销方案?

① 描述产品定位、对此定位实行可行性测试。

② 明确让客户在何时何地以何种方式获得产品信息。

③ 明确向客户传递什么信息。

④ 弄清楚如何达到传播目标,是引起受众趣味、刺激受众需求,还是细分受众群?

(3)在产品导入阶段使用什么营销手段?这些手段如何实施?

① 采用广告还是彩页方式营销?采用广播还是电视传播?

② 区域宣传如何定位?

③ 宣传频次是怎样的?

④ 试点计划如何开展?

⑤ 如何开展竞争性宣传?直邮效果如何?

⑥ 如何上广告黄页条目索引？
⑦ 电话营销方式有哪些？
⑧ 培训计划如何进行？
⑨ 促销活动如何进行？
⑩ 商品秀如何进行？
⑪ 研讨会如何进行？
⑫ 公共关系如何开展？
⑬ 媒体沟通如何开展？
⑭ 新闻发布会如何开展？
⑮ 行业关系如何建立？
⑯ 如何细分市场、细分客户？

（七）市场发展措施、所需技术及设备

这部分表明落实计划所需要的技术及其他设施，主要包括以下五个方面。

（1）技术问题

① 描述产品所需要的技术。
② 技术条件是否具备，是内部具备还是从供应商或合作伙伴处获得？

（2）渠道及客户关系

① 渠道有哪些？
② 渠道系统有何创新之处？
③ 销售队伍需要什么培训、物质刺激及其他支持？

（3）招募销售队伍

① 确定所需人员的资历、技能。
② 薪酬。
③ 其他的激励手段。
④ 报销政策。
⑤ 队伍管理方法。
⑥ 他们可能扮演的角色：中间人、厂商代表及代理。

（4）设施及行政

① 办公用品清单；如果业务是全新的，还需要基础设施清单。
② 如何支付这些清单？
③ 采购或与供应商打交道时是否有特殊需求？

（5）分销渠道

① 用户在哪里能买到产品？

② 产品如何才能到达用户手中？
③ 每年渠道流失率是多少？
④ 产品在途时间是多长？
⑤ 什么运输方式最经济？

（八）市场增长计划

这部分将表现为如何使该业务持续发展。即怎么做才可以不断获得增长，并在市场中占有一席之地？

（1）一旦进入市场，如何在一定的市场份额内，谋求最大的发展机会及最大的利润？

（2）是否有潜在的机遇能给此业务带来新的增长点？如果有，如何将它变成现实？

（3）为了获得持续发展，目标用户在哪里？

（4）如何获得地域性扩张？从什么时候开始？

（5）市场导入期所利用的营销手段中，哪些在持续发展阶段还会继续使用？这些手段在质与量上会有什么突破？

（6）是否有别的方法可助力持续增长，是资金还是人力？

（九）市场退出策略

这部分是为了表明：一切都在我们的把握之中。它可以回答这样的问题：万一我们的计划失败，出现了我们不愿看到的局面以至于需要退出市场，我们也会尽量减少损失，不至于血本无归或名誉扫地。

（1）指明如何将损失最小化：如何处理积压品、已采购配件、已搭建的基础设施、已雇用的员工。

（2）如何最大限度地降低对公司形象及声誉的影响。

（十）法律法规

这部分将关注企业业务开展中可能面临的法律政策问题，比如：

（1）新业务是否在法律许可的范围内开展？

（2）产品是否合法？在这个领域是否存在相关的规定？如果有，规定上有何限制？企业能否避开这些限制？即使能，是否值得这么做？

（3）政府对此类产品有何政策上的倾向？

（十一）资源配备

这部分展示开展新业务所需要的资源，即在资源配备上要有多大的投入，如何得到这些资源。

（1）近期需要哪些人力资源？最终需求又怎样？

（2）谁将参与到新业务中来？他们的背景及资历如何？

（3）在市场导入及发展期各需要什么资源？

（4）需要什么技术资源？什么时候需要？

（5）开展此业务需要用到什么具体的技能？

（十二）资金计划

这部分将清晰说明新业务所需要的资金投入。它要回答这些问题：我们什么时候筹集资金？到底需要多少资金？资金不够怎么办？什么时候还贷款，以什么方式偿还？

（1）定价

① 竞争对手如何定价？

② 你如何定价？

③ 价格多长时间变更一次？

④ 竞争对手可能的反应，如：是否有可能导致价格战，是否能接受价格战？

（2）销售预测

① 销售数量是多少？

② 增长速度会是怎样的？

③ 最坏的情况会是怎样的？

④ 类似的竞争故事会是怎样的？

⑤ 市场份额定位会是怎样的？

（3）资金

① 需要多少资金，什么时候需要？

② 计划开展所需费用的详细情况如何？

③ 利润预算如何？

④ 现金流如何？

（十三）近期规划

这部分关注贷款获批后，接下来的几个月将做什么。

（1）如果计划通过，贷款获得批准，未来90天内将做什么？

（2）为实施计划，近期需要什么资源，需要做什么决策？

第四章 确定创业形式

如今设立各类企业的门槛较低,创业者应根据个人的具体情况,结合不同形式企业的责任承担模式,选择合适的组织形式。目前,创业者可选择的经营组织形式大体可分为个体工商户、个人独资企业、一人有限责任公司、合伙企业、有限责任公司和股份有限公司。

一、个体工商户

(一)设立性质

《中华人民共和国民法典》(以下简称《民法典》)第五十四条规定,自然人从事工商业经营,经依法登记,为个体工商户。该规定明确了个体工商户的性质,即个体工商户是以自然人身份依法开展经营活动的市场主体形式,其本质是自然人而不是企业组织。

(二)组成形式

个体工商户的组成形式包括个人经营和家庭经营。个人经营的,以经营者本人为申请人;家庭经营的,以家庭成员中主持经营者为申请人。

(三)债务承担方式

《民法典》第五十六条规定,个体工商户的债务,个人经营的,以个人财产承担;家庭经营的,以家庭财产承担;无法区分的,以家庭财产承担。

(四)法律责任

根据《中华人民共和国市场主体登记管理条例》第二条的规定,个体工商户属于市场主体。同时,本条例也对市场主体的法律责任做了明确规定,规定如下。

(1)未经设立登记从事经营活动的,由登记机关责令改正,没收违法所得;拒不改正的,处1万元以上10万元以下的罚款;情节严重的,依法责令关闭停业,并处10万元以上50万元以下的罚款。

(2)提交虚假材料或者采取其他欺诈手段隐瞒重要事实取得市场主体登记的,由登记机关责令改正,没收违法所得,并处5万元以上20万元以下的罚款;情节严重的,处20万元以上100万元以下的罚款，吊销营业执照。

（3）实行注册资本实缴登记制的市场主体虚报注册资本取得市场主体登记的，由登记机关责令改正，处虚报注册资本金额5%以上15%以下的罚款；情节严重的，吊销营业执照。

实行注册资本实缴登记制的市场主体的发起人、股东虚假出资，未交付或者未按期交付作为出资的货币或者非货币财产的，或者在市场主体成立后抽逃出资的，由登记机关责令改正，处虚假出资金额5%以上15%以下的罚款。

（4）市场主体未依照本条例办理变更登记的，由登记机关责令改正；拒不改正的，处1万元以上10万元以下的罚款；情节严重的，吊销营业执照。

（5）市场主体未依照本条例办理备案的，由登记机关责令改正；拒不改正的，处5万元以下的罚款。

（6）市场主体未依照本条例将营业执照置于住所或者主要经营场所醒目位置的，由登记机关责令改正；拒不改正的，处3万元以下的罚款。

从事电子商务经营的市场主体未在其首页显著位置持续公示营业执照信息或者相关链接标识，由登记机关依照《中华人民共和国电子商务法》处罚。

市场主体伪造、涂改、出租、出借、转让营业执照的，由登记机关没收违法所得，处10万元以下的罚款；情节严重的，处10万元以上50万元以下的罚款，吊销营业执照。

（7）违反本条例规定的，登记机关确定罚款金额时，应当综合考虑市场主体的类型、规模、违法情节等因素。

（8）登记机关及其工作人员违反本条例规定未履行职责或者履行职责不当的，对直接负责的主管人员和其他直接责任人员依法给予处分。

（9）违反本条例规定，构成犯罪的，依法追究刑事责任。

二、个人独资企业

（一）设立性质

根据《中华人民共和国个人独资企业法》（以下简称《个人独资企业法》）第二条的规定，个人独资企业，是指依照本法在中国境内设立，由一个自然人投资，财产为投资人个人所有，投资人以其个人财产对企业债务承担无限责任的经营实体。

（二）设立条件

根据《个人独资企业法》第八条的规定，设立个人独资企业应当具备如图4-1所示的条件。

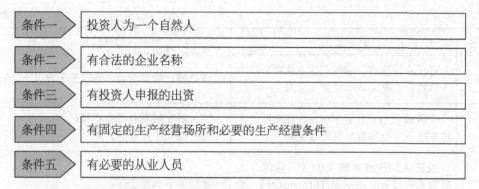

图 4-1　设立个人独资企业应当具备的条件

（三）债务承担方式

《个人独资企业法》第二十八条规定，个人独资企业解散后，原投资人对个人独资企业存续期间的债务仍应承担偿还责任，但债权人在五年内未向债务人提出偿债请求的，该责任消灭。

《个人独资企业法》第三十一条规定，个人独资企业财产不足以清偿债务的，投资人应当以其个人的其他财产予以清偿。

（四）法律责任

《个人独资企业法》中对个人独资企业的法律责任有如表4-1所示的规定。

表 4-1　个人独资企业的法律责任

序号	违法行为	法律责任
1	违反本法规定，提交虚假文件或采取其他欺骗手段，取得企业登记的	（1）责令改正，处以五千元以下的罚款 （2）情节严重的，并处吊销营业执照
2	违反本法规定，个人独资企业使用的名称与其在登记机关登记的名称不相符合的	责令限期改正，处以二千元以下的罚款
3	涂改、出租、转让营业执照的	（1）责令改正，没收违法所得，处以三千元以下的罚款 （2）情节严重的，吊销营业执照
4	伪造营业执照的	（1）责令停业，没收违法所得，处以五千元以下的罚款 （2）构成犯罪的，依法追究刑事责任
5	个人独资企业成立后无正当理由超过六个月未开业的，或者开业后自行停业连续六个月以上的	吊销营业执照

续表

序号	违法行为	法律责任
6	违反本法规定，未领取营业执照，以个人独资企业名义从事经营活动的	责令停止经营活动，处以三千元以下的罚款
7	个人独资企业登记事项发生变更时，未按本法规定办理有关变更登记的	（1）责令限期办理变更登记 （2）逾期不办理的，处以二千元以下的罚款
8	投资人委托或者聘用的人员管理个人独资企业事务时违反双方订立的合同，给投资人造成损害的	承担民事赔偿责任
9	个人独资企业违反本法规定，侵犯职工合法权益，未保障职工劳动安全，不缴纳社会保险费用的	按照有关法律、行政法规予以处罚，并追究有关责任人员的责任
10	投资人委托或者聘用的人员违反本法第二十条规定，侵犯个人独资企业财产权益的	（1）责令退还侵占的财产 （2）给企业造成损失的，依法承担赔偿责任 （3）有违法所得的，没收违法所得 （4）构成犯罪的，依法追究刑事责任
11	违反法律、行政法规的规定强制个人独资企业提供财力、物力、人力的	按照有关法律、行政法规予以处罚，并追究有关责任人员的责任
12	个人独资企业及其投资人在清算前或清算期间隐匿或转移财产，逃避债务的	（1）依法追回其财产，并按照有关规定予以处罚 （2）构成犯罪的，依法追究刑事责任
13	投资人违反本法规定，应当承担民事赔偿责任和缴纳罚款、罚金，其财产不足以支付的，或者被判处没收财产的	应当先承担民事赔偿责任

三、一人有限责任公司

（一）设立性质

根据《中华人民共和国公司法》（以下简称《公司法》）第五十七条的规定，一人有限责任公司，是指只有一个自然人股东或者一个法人股东的有限责任公司。

《公司法》第五十八条规定，一个自然人只能投资设立一个一人有限责任公司。该一人有限责任公司不能投资设立新的一人有限责任公司。

（二）登记要求

《公司法》第五十九条规定，一人有限责任公司应当在公司登记中注明自然人独资或者法人独资,并在公司营业执照中载明。

(三)事务管理

(1)一人有限责任公司章程由股东制定。

(2)一人有限责任公司不设股东会。股东作出公司的经营方针和投资计划决定时,应当采用书面形式,并由股东签名后置备于公司。

(3)一人有限责任公司应当在每一会计年度终了时编制财务会计报告,并经会计师事务所审计。

(四)债务承担方式

《公司法》第六十三条规定,一人有限责任公司的股东不能证明公司财产独立于股东自己的财产的,应当对公司债务承担连带责任。

四、合伙企业

(一)设立性质

根据《中华人民共和国合伙企业法》(以下简称《合伙企业法》)第二条的规定,合伙企业是指自然人、法人和其他组织依照本法在中国境内设立的普通合伙企业和有限合伙企业。第六十一条规定,有限合伙企业由二个以上五十个以下合伙人设立;但是,法律另有规定的除外。有限合伙企业至少应当有一个普通合伙人。

(二)设立条件

设立普通合伙企业,应当具备如图4-2所示的条件。

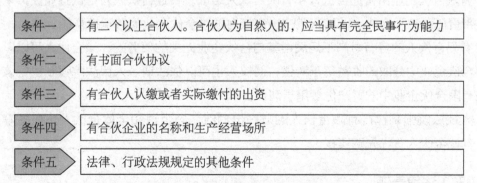

图4-2 设立普通合伙企业的条件

（三）出资方式

1. 普通合伙企业

合伙人可以用货币、实物、知识产权、土地使用权或者其他财产权利出资，也可以用劳务出资。合伙人以实物、知识产权、土地使用权或者其他财产权利出资，需要评估作价的，可以由全体合伙人协商确定，也可以由全体合伙人委托法定评估机构评估。合伙人以劳务出资的，其评估办法由全体合伙人协商确定，并在合伙协议中载明。

合伙人应当按照合伙协议约定的出资方式、数额和缴付期限，履行出资义务。以非货币财产出资的，依照法律、行政法规的规定，需要办理财产权转移手续的，应当依法办理。

2. 有限合伙企业

有限合伙人可以用货币、实物、知识产权、土地使用权或者其他财产权利作价出资。有限合伙人不得以劳务出资。有限合伙人应当按照合伙协议的约定按期足额缴纳出资；未按期足额缴纳的，应当承担补缴义务，并对其他合伙人承担违约责任。

（四）债务承担方式

1. 普通合伙企业

普通合伙企业由普通合伙人组成。所谓普通合伙人，是指在合伙企业中对合伙企业的债务依法承担无限连带责任的自然人、法人和其他组织。《合伙企业法》规定，国有独资公司、国有企业、上市公司以及公益性和事业单位、社会团体不得成为普通合伙人。

合伙人对合伙企业债务承担无限连带责任，法律另有规定的除外。

2. 有限合伙企业

有限合伙企业由普通合伙人和有限合伙人组成，普通合伙人对合伙企业债务承担无限连带责任，有限合伙人以其认缴的出资额为限对合伙企业债务承担责任。

有限合伙人的自有财产不足清偿其与合伙企业无关的债务的，该合伙人可以以其从有限合伙企业中分取的收益用于清偿；债权人也可以依法请求人民法院强制执行该合伙人在有限合伙企业中的财产份额用于清偿。

人民法院强制执行有限合伙人的财产份额时，应当通知全体合伙人。在同等条件下，其他合伙人有优先购买权。

（五）法律责任

《合伙企业法》对合伙企业的法律责任，有如表4-2所示的规定。

表4-2 合伙企业的法律责任

序号	违法行为	法律责任
1	提交虚假文件或者采取其他欺骗手段，取得合伙企业登记的	（1）由企业登记机关责令改正，处以五千元以上五万元以下的罚款 （2）情节严重的，撤销企业登记，并处以五万元以上二十万元以下的罚款
2	合伙企业未在其名称中标明"普通合伙""特殊普通合伙"或者"有限合伙"字样的	由企业登记机关责令限期改正，处以二千元以上一万元以下的罚款
3	未领取营业执照，而以合伙企业或者合伙企业分支机构名义从事合伙业务的	由企业登记机关责令停止，处以五千元以上五万元以下的罚款
4	合伙企业登记事项发生变更时，未依照本法规定办理变更登记的	（1）由企业登记机关责令限期登记 （2）逾期不登记的，处以二千元以上二万元以下的罚款
5	合伙企业登记事项发生变更，执行合伙事务的合伙人未按期申请办理变更登记的	应当赔偿由此给合伙企业、其他合伙人或者善意第三人造成的损失
6	合伙人执行合伙事务，或者合伙企业从业人员利用职务上的便利，将应当归合伙企业的利益据为己有的，或者采取其他手段侵占合伙企业财产的	（1）应当将该利益和财产退还合伙企业 （2）给合伙企业或者其他合伙人造成损失的，依法承担赔偿责任
7	合伙人对本法规定或者合伙协议约定必须经全体合伙人一致同意始得执行的事务擅自处理，给合伙企业或者其他合伙人造成损失的	依法承担赔偿责任
8	不具有事务执行权的合伙人擅自执行合伙事务，给合伙企业或者其他合伙人造成损失的	依法承担赔偿责任
9	合伙人违反本法规定或者合伙协议的约定，从事与本合伙企业相竞争的业务或者与本合伙企业进行交易的	（1）该收益归合伙企业所有 （2）给合伙企业或者其他合伙人造成损失的，依法承担赔偿责任
10	清算人未依照本法规定向企业登记机关报送清算报告，或者报送清算报告隐瞒重要事实，或者有重大遗漏的	（1）由企业登记机关责令改正 （2）由此产生的费用和损失，由清算人承担和赔偿
11	清算人执行清算事务，牟取非法收入或者侵占合伙企业财产的	（1）应当将该收入和侵占的财产退还合伙企业 （2）给合伙企业或者其他合伙人造成损失的，依法承担赔偿责任
12	清算人违反本法规定，隐匿、转移合伙企业财产，对资产负债表或者财产清单作虚假记载，或者在未清偿债务前分配财产，损害债权人利益的	依法承担赔偿责任

续表

序号	违法行为	法律责任
13	合伙人违反合伙协议的	应当依法承担违约责任
14	合伙人履行合伙协议发生争议的	（1）可以通过协商或者调解解决 （2）不愿通过协商、调解解决或者协商、调解不成的，可以按照合伙协议约定的仲裁条款或者事后达成的书面仲裁协议，向仲裁机构申请仲裁 （3）合伙协议中未订立仲裁条款，事后又没有达成书面仲裁协议的，可以向人民法院起诉
15	违反本法规定，构成犯罪的	依法追究刑事责任
16	违反本法规定，应当承担民事赔偿责任和缴纳罚款、罚金，其财产不足以同时支付的	先承担民事赔偿责任

创业分享

创业期企业的合伙人制

现在，许多初创企业都在实行合伙人制，特别是一二线城市里新技术、互联网、新媒体、咨询服务等领域的新公司，实行合伙人制几乎已经成为它们诞生和发展的重要驱动因素。

创业公司之所以热衷于合伙人制，主要有以下两个方面的原因：第一，创业者的某些能力不足，通过寻找创业搭档来与自己形成能力互补，可以解决自身能力不足的问题；第二，创业企业吸引优秀人才的资金能力、企业实力和品牌形象不足，通过许以股份可以解决自身不足以吸引优秀人才的问题。

创业企业推行合伙人制的过程，通常有以下三种典型的情形。

1.联合创业式合伙

联合创业式合伙是指几位公司创始人之间的事业合伙关系，通常是两位及以上的股东通过协商，分别持有一定比例的公司股份，并按照股份比例分享公司的权利以及承担相应的风险。这类企业的资本既可能是投资商的投资，也可能是参与合伙的人员按照持股比例共同出资，还可能是参与合伙的个别人出资，其他人员则以技术、能力或关系资源的形式入股。

在这类合伙中，通常有一位合伙事业的发起或召集人，通常他持有公司的股份最多，也是未来公司发展的主导者。因此，人们通常把这样一个人物称为公司的"创始人",而把其他参与创办公司的人员叫作"联合创始人"。

这类合伙人制的形成通常会基于以下三大要素。

第一,相互信任。创业合伙人之间应该相互信赖,大家联合在一起,最重要的就是相互信任,只有信任,创业才可以一步一步往前推进。

第二,能力互补。也就是说,参与联合创业的多位合伙人分别在不同的专业方向上具有优势能力——有人有资金,有人擅长整合资源,有人擅长决策,有人擅长营销,有人擅长技术——大家各自的优势能力组合在一起,便构成了新创企业生存与发展的能力。

第三,利益共享。这是大家联合创业的动力所在,离开这一关键要素,彼此之间不可能形成合作。

2. 指向个别人才的合伙

创业公司在成功起步以后,会渴望招聘到能人加盟自己的事业,希望通过招聘能人的方式来弥补企业的短板。

比如,在技术能力不足时,希望有一位技术精英加盟;在营销能力不足时,希望有一位营销精英加盟;在融资能力不足时,希望有一位融资高手加盟……

这一时期,创业公司招聘专业高手加盟的行为往往是"点对点"式的,哪个专业方向上需要什么人,就设法去招聘什么人,并承诺给予一定数量或比例的公司股份。

比如,在需要营销人才时,就想到要招募一位营销领军人物,而一旦发现一位可以寄予厚望的营销人才,就会极力把他招进来出任公司的营销总监或营销副总,为了吸引他,同时承诺给予5%的公司股份。

又比如,急需技术领军人物时,便动用一切力量寻找技术"大咖",当发现一位可以担当大任的技术人才时,便极力要把他招进公司里来,为了吸引他,还会承诺给予3%的公司股份……

创业公司之所以会采取这种"点对点"的方式发展合伙人,往往有许多原因:急于引才成功,明知可能会留有隐患,但还是抱持"车到山前必有路"的心态;无法向候选人开出较高的薪酬条件,所以认为不给予足够的股份,便不足以吸引人才加盟;业务发展不确定,无法对未来的组织发展和人才需求进行提前规划,因而不需要成批地招募关键岗位的合伙人……

然而,这类合伙将面临一系列问题,比如:

(1)所发展的合伙人的价值观与能力与企业的要求不匹配;

(2)究竟应该给予加盟的合伙人多少股份,以及怎么给予股份更为合适(由于这类企业处于创业期,其股份往往不太值钱,企业在向单个的合伙人承诺股份时,通常比例过高,以至于后来"追悔莫及");

（3）往往没有一套对加盟合伙人未来的贡献进行有效考核的办法；

（4）往往无法对合伙人未来的价值观发展和能力成长提出要求，因为这类企业还没有形成相关标准，以至于后期发现加盟合伙人的价值观和能力与企业的发展要求不相适应时，往往会"后悔莫及"。

综上所述，即便是初创型企业，也不宜针对个别人才单一性地给予股份，而应基于未来团队发展的整体规划来决定股权分配政策。

3. 指向团队的合伙

这类企业大多已经处于创业基本取得成功的阶段，企业推行合伙人制的目的，是希望通过这种制度来促使企业迅速进入扩张阶段。当然，也有一些创业公司在远没有取得成功之前，便前瞻性地试图将未来的管理和技术团队打造成合伙人团队，这样做既可以吸引和保留人才，还可以吸引外部投资商投资。

创业企业针对团队（含未来的团队）整体规划与设计合伙人制度的好处是多方面的。具体如下。

（1）可以促使企业对未来的人才发展与管理进行系统思考与规划。

（2）创业企业针对个别人才承诺股份，往往使人才觉得只有拿到更多的股份才足以与个人的价值和要求相匹配。而针对人才团队的合伙人制，则可以有效地解决这一问题。比如，企业拿出20%的股份让特定的人才群体共同持有，其他80%的股份由创始人、联合创始人和外部投资商持有，这样做会给予内部人才以较高的价值感，因为在这种安排下，20%的股份会显得比例较大。

（3）可以向企业全体员工传递出更为正面和更加鼓舞人心的信号，特别是当企业的合伙人制度明确规定，企业所有员工一旦满足相应条件，便都有资格持有公司的股份时，对员工具有较大的激励效应。

（4）可以使企业在对外融资时，或在寻求外部供应/销售渠道合伙时，或在寻求政府支持时，获得更好的评价。

（5）对迅速和系统地形成人力资源管理体系具有极大的促进作用。因为该制度不仅能够有效地激励与管理关键人才，而且各专业岗位的关键人才为了企业利益、部门利益和个人利益，一般都会积极地运用相似的思想、原理和方法来激励与管理其部门内部的人才/员工队伍。

五、有限责任公司和股份有限公司

公司可分为有限责任公司和股份有限公司。

(一)有限责任公司的设立

1.设立条件

根据《公司法》第二十三条的规定,设立有限责任公司,应当具备如图4-3所示的条件。

条件一	股东符合法定人数
条件二	有符合公司章程规定的全体股东认缴的出资额
条件三	股东共同制定公司章程
条件四	有公司名称,建立符合有限责任公司要求的组织机构
条件五	有公司住所

图4-3 设立有限责任公司的条件

2.出资方式

《公司法》第二十四条规定,有限责任公司由五十个以下股东出资设立。

《公司法》第二十七条规定,股东可以用货币出资,也可以用实物、知识产权、土地使用权等可以用货币估价并可以依法转让的非货币财产作价出资;但是,法律、行政法规规定不得作为出资的财产除外。

对作为出资的非货币财产应当评估作价,核实财产,不得高估或者低估作价。法律、行政法规对评估作价有规定的,从其规定。

(二)股份有限公司的设立

1.设立条件

根据《公司法》第七十六条、第七十八条的规定,设立股份有限公司,应当具备如图4-4所示的条件。

条件一	发起人符合法定人数,即应当有二人以上二百人以下为发起人,其中须有半数以上的发起人在中国境内有住所
条件二	有符合公司章程规定的全体发起人认购的股本总额或者募集的实收股本总额
条件三	股份发行、筹办事项符合法律规定

图4-4

条件四	发起人制订公司章程，采用募集方式设立的经创立大会通过
条件五	有公司名称，建立符合股份有限公司要求的组织机构
条件六	有公司住所

图 4-4　股份有限公司设立的条件

2.设立方式

根据《公司法》第七十七条的规定，股份有限公司的设立，可以采取发起设立或者募集设立的方式。具体如图 4-5 所示。

图 4-5　股份有限公司设立的方式

3.发起人的出资方式

根据《公司法》第二十七条的规定，发起人可以用货币出资，也可以用实物、知识产权、土地使用权等可以用货币估价并可以依法转让的非货币财产作价出资；但是，法律、行政法规规定不得作为出资的财产除外。

对作为出资的非货币财产应当评估作价，核实财产，不得高估或者低估作价。法律、行政法规对评估作价有规定的，从其规定。

（三）公司的法律责任

对于公司的法律责任，《公司法》第十二章有具体规定，如表 4-3 所示。

表 4-3　公司的法律责任

序号	违法行为	法律责任
1	违反本法规定，虚报注册资本、提交虚假材料或者采取其他欺诈手段隐瞒重要事实取得公司登记的	（1）由公司登记机关责令改正，对虚报注册资本的公司，处以虚报注册资本金额百分之五以上百分之十五以下的罚款 （2）对提交虚假材料或者采取其他欺诈手段隐瞒重要事实的公司，处以五万元以上五十万元以下的罚款 （3）情节严重的，撤销公司登记或者吊销营业执照

续表

序号	违法行为	法律责任
2	公司的发起人、股东虚假出资,未交付或者未按期交付作为出资的货币或者非货币财产的	由公司登记机关责令改正,处以虚假出资金额百分之五以上百分之十五以下的罚款
3	公司的发起人、股东在公司成立后,抽逃其出资的	由公司登记机关责令改正,处以所抽逃出资金额百分之五以上百分之十五以下的罚款
4	公司违反本法规定,在法定的会计账簿以外另立会计账簿的	由县级以上人民政府财政部门责令改正,处以五万元以上五十万元以下的罚款
5	公司在依法向有关主管部门提供的财务会计报告等材料上作虚假记载或者隐瞒重要事实的	由有关主管部门对直接负责的主管人员和其他直接责任人员处以三万元以上三十万元以下的罚款
6	公司不依照本法规定提取法定公积金的	由县级以上人民政府财政部门责令如数补足应当提取的金额,可以对公司处以二十万元以下的罚款
7	公司在合并、分立、减少注册资本或者进行清算时,不依照本法规定通知或者公告债权人的	由公司登记机关责令改正,对公司处以一万元以上十万元以下的罚款
8	公司在进行清算时,隐匿财产,对资产负债表或者财产清单作虚假记载或者在未清偿债务前分配公司财产的	(1)由公司登记机关责令改正,对公司处以隐匿财产或者未清偿债务前分配公司财产金额百分之五以上百分之十以下的罚款 (2)对直接负责的主管人员和其他直接责任人员处以一万元以上十万元以下的罚款
9	公司在清算期间开展与清算无关的经营活动的	由公司登记机关予以警告,没收违法所得
10	清算组不依照本法规定向公司登记机关报送清算报告,或者报送清算报告隐瞒重要事实或者有重大遗漏的	由公司登记机关责令改正
11	清算组成员利用职权徇私舞弊、谋取非法收入或者侵占公司财产的	由公司登记机关责令退还公司财产,没收违法所得,并可以处以违法所得一倍以上五倍以下的罚款
12	未依法登记为有限责任公司或者股份有限公司,而冒用有限责任公司或者股份有限公司名义的,或者未依法登记为有限责任公司或者股份有限公司的分公司,而冒用有限责任公司或者股份有限公司的分公司名义的	由公司登记机关责令改正或者予以取缔,可以并处十万元以下的罚款
13	公司成立后无正当理由超过六个月未开业的,或者开业后自行停业连续六个月以上的	可以由公司登记机关吊销营业执照

续表

序号	违法行为	法律责任
14	公司登记事项发生变更时,未依照本法规定办理有关变更登记的	(1)由公司登记机关责令限期登记 (2)逾期不登记的,处以一万元以上十万元以下的罚款
15	利用公司名义从事危害国家安全、社会公共利益的严重违法行为的	吊销营业执照
16	公司违反本法规定,应当承担民事赔偿责任和缴纳罚款、罚金的,其财产不足以支付时	先承担民事赔偿责任
17	违反本法规定,构成犯罪的	依法追究刑事责任

创业分享

如果要创业,该怎样选择企业类型

1. 从业务内容来看

目前我国对特定行业的企业有企业类型的限制,如律师行业的企业只能设立为合伙企业,而不能设立为公司制企业。银行、保险等金融领域的企业只能设立为公司制企业,且有最低注册资本和注册资本实缴等方面的要求。对于普通创业者而言,若非从事少数特定领域的行业,其所设立的企业不会有企业类型的限制。但是从不同的业务内容来看,选取的形式也是不一样的。

一般来讲,个人独资企业比较适合一些无须投入太多人力资源,但能充分发挥创业者个人能力的行业,比如工作室、设计中心、门诊部等。另外,由于个人独资企业的成立、变更、注销流程相对简单,税负也有可能做到较低。在创业的起步阶段,个人独资企业是一个不错的选择。

合伙企业通常作为一个平台,由几个合伙人联合经营,按照合伙协议来确定各个合伙人的责任和利润分配方式。合伙人的进退机制比较灵活,因此适合团队的独立创业。常见的形式有会计师事务所、律师事务所等。

有限责任公司通常对业务类型没有限制,比较通用。比如商贸、零售、设计、研发等行业都可以选择这种公司形式。设立有限责任公司的明显好处就是有利于企业树立品牌形象,也能够为以后的资本扩张和业务扩张留下更灵活的空间。

2. 从税务筹划的角度来看

个人独资企业由于其股东是自然人,所以它的生产经营所得是交个人所得税的,采用5%～35%的累进税率。同时，它也可能用核定征收的方式交税。核定征收包括定额征收（例如按照一个固定的金额交税）和核定税率（例如按照一个固定的税率交税）征收，综合税负率有可能降到1%甚至更低。

合伙企业跟个人独资企业不同，它交税的原则主要是先分后税，即先按照合伙协议的约定，把收入分配给不同身份的合伙人，然后不同身份的合伙人按照不同的税率交税。例如，如果合伙人是企业法人，那就按照25%的税率交企业所得税；如果合伙人是个人股东，那获得的分红就按照生产经营所得的5%～35%的累进税率交税。

有限责任公司，一般来说经营所得需要先缴纳25%的企业所得税，税后利润分配给股东时，股东再按照20%的税率缴纳个人所得税。

如果是看综合税负率的话，个人独资企业可能会最低，而有限责任公司如果不做任何税收筹划的话，综合税负率可能会高达40%。因此，如果创业者预计未来企业业务规模较大、业务类型较多，应该提前进行股权架构设计，聘请专业人士对企业业务类型、股权结构进行顶层设计来降低企业经营过程中的税负以及未来股权转让过程中的税负。

第五章 筹集创业资金

对于创业者来说,创业资金的重要性是不言而喻的。企业赚钱就像滚雪球,只有有了第一桶金,雪球才有可能越滚越大。但是,这第一桶金又到哪里去筹呢?

一、预测启动资金

启动资金,就是开办企业必须购买的物资和其他必要的开支,即从为新企业投入开始,到企业达到收支平衡前必须准备的资金总量。

(一)启动资金的用途

启动资金将用于如下事项:

(1)支付场地(厂房、办公室、店铺等)费用和装修费用;

(2)办理营业执照和相关许可证;

(3)购买设备、机器;

(4)购置办公家具和办公用品;

(5)采购原材料、库存商品;

(6)开业前的广告和促销;

(7)招聘、培训员工,给员工发工资;

(8)支付水电费、电话费、交通费。

……

正所谓"兵马未动,粮草先行",因此要认真、仔细地预测好到底需要多少启动资金才能把公司开起来。

启动资金按用途可以分为两大类,具体如图5-1所示。

(二)计算启动资金的步骤

预测启动资金的思路和步骤如下:

(1)列出所有支出项目;

(2)按照"固定资产投入"和"流动资金"分类;

(3)填入每个项目的具体预测金额;

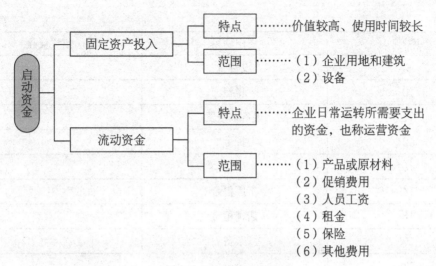

图 5-1　启动资金的类别

（4）处理特殊情况（保险等）；

（5）合计"固定资产投入"与"流动资金"总和（见表5-1）。

表 5-1　启动资金预测表

序号	支出项目	预测金额
	固定资产投入	
1	生产设备	
2	办公家具及设备	
3	固定资产折旧	
4	……	
	小计	
	流动资金	
1	员工工资	
2	原料费用	
3	流动现金	
4	一次性费用	
5	装修费	
6	水电费	
7	保险费	
8	广告费	

续表

序号	支出项目	预测金额
9	设备费	
10	税费	
11	设备维修费	
12	押金	
13	库存	
14	工厂租金	
15	店铺租金	
16	杂费	
17	……	
	小计	
	合计	

（三）固定资产投入预测

固定资产投入包括企业所购置的价值较高、使用寿命长的物品，如建筑物、机器设备、运输设备、工具器具等，如图5-2所示。

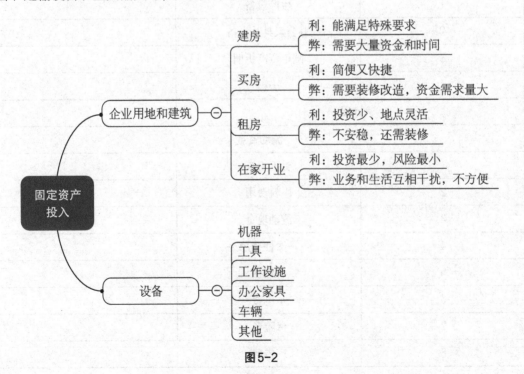

图5-2

除了必不可少的东西非买不可外，尽量减少固定资产的投资能降低经营风险。当然，固定资产可以折旧，即分期打入成本后逐渐回收。

设备投资预测时要特别注意不同行业、不同规模、不同经营范围的企业对设备需求的差别。所以，必须了解清楚必需的设备，选择正确的设备类型，尽量节省设备投资。即使你只需少量设备也应测算并纳入计划。

（四）流动资金预测

流动资金包括企业日常运转时所需支付的资金，如工资、原材料、产品储存、现金、应收及预付款、促销费用、租金、保险费、电费、办公费、交通费等。流动资金的最大特点就在于随时变化。

企业取得最初收入之前必须有可以用于支付各种费用的资金。

准备适当的流动资金能使创业者从容应对各种费用的支付。一般来说，在销售收入能够收回成本之前，微小企业至少要事先准备3个月的流动资金。为预算更加准确，你必须制订一个现金流动计划。

1. 流动资金的范围

流动资金包括原材料和商品库存、促销费用、工资费用、租金费用、保险费用、其他费用（不可预见费）。

> **创业启示**
>
> 至少要准备企业开办前3个月所需的流动资金。

2. 流动资金的预测

流动资金的预测主要包括如表5-2所示的几项内容。

表5-2　流动资金的预测

序号	类别	具体说明
1	原材料和商品的存货	（1）原材料资金包括制造商预测销售前的生产储料资金，预测顾客付款前的服务用料资金 （2）商品的存货：零售商和批发商营业前库存商品的流动资金预测
2	促销	包括4P（产品product、价格price、渠道place、促销promotion）计划的促销成本
3	工资	起步阶段也要给员工开工资，计算方法为：月工资总额 × 未收支平衡的月数

续表

序号	类别	具体说明
4	租金	企业一旦租用场地就要支付租金，计算方法为：月租金额 × 未收支平衡的月数
5	保险	保险有两种：社会保险和商业保险。开业时准备交的保险也在启动资金范围内
6	其他费用	包括水电费、办公用品费、交通费、电话费、不可预见费（统称公用事业费）等，起步时纳入启动资金范围内

（五）总的启动资金预测

总的启动资金，其计算公式为：

$$启动资金总额=投资（固定资产+开办费）+流动资金总额$$

（六）预测启动资金要注意的问题

（1）必须意识到启动资金周转不灵，就会导致企业夭折。

（2）必须核实你的启动资金持续投入期，即在你没取得销售收入以前须投入多长时间的流动资金。

（3）必须将投资和流动资金的需求量降至最低。依据"必须、必要、合理、最低"的原则，该支出的必须支出，能不支出的坚决不支出。

（4）必须保持一定量的流动资金储备，以备不时之需。

二、筹集资金的原则

创业者在筹集启动资金时，必须遵循一定的财务管理原则和规律。就目前的市场情况而言，所筹资金的来源及其途径多种多样，筹资方式也机动灵活，从而为保障筹资的低成本、低风险提供了良好的条件。但是，由于市场竞争的激烈和筹资环境以及筹资条件的差异性，筹资面临着诸多困难。因此，创业者在筹资时必须坚持如图5-3所示的原则。

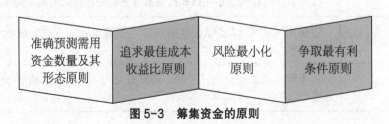

图5-3 筹集资金的原则

(一)准确预测需用资金数量及其形态原则

企业资金有短期资金与长期资金、流动资金与固定资金、自有资金与借入资金,以及其他更多的形态。不同形态的资金往往用于满足不同的创建和经营需要,筹资需要和财务目标决定着筹资数量。创业者应周密地分析创建初期的各个环节,采取科学、合理的方法准确预测所需资金数量,确定相应的资金形态。这是筹资的首要原则。

(二)追求最佳成本收益比原则

创业者无论从何种渠道、以何种方式筹集资金,都要付出一定的代价,也就是要支付与其相关的各种筹集费用,如支付股息、利息等使用费用。即使动用自有资金,也是以损失存入银行的利息为代价的。

资金成本是指为筹集和使用资金所支付的各种费用之和,也是企业创建初期的最低收益率。只有收益率大于资金成本,筹资活动才能具体实施。资金成本与收益的比较,在若干筹资渠道和各种筹资方式条件下,应以综合平均资金成本为依据。

> **创业启示**
>
> 创业者筹集资金必须准确计算、分析资金成本,这是提高筹资效率的基础。

(三)风险最小化原则

筹资过程中的风险是创业者筹资时不可避免的一个财务问题。实际上,创建和经营过程中的任何一项财务活动都客观地面临着一个风险与收益的权衡问题。

资金可以从多种渠道、利用多种方式来筹集,不同来源的资金,其使用时间的长短、附加条款的限制和资金成本的大小都不相同。这就要求创业者在筹集资金时,不仅需要从数量上满足创建和经营的需要,还要考虑到各种筹资方式所带来的财务风险的大小和资金成本的高低,做出权衡,从而选择最佳筹资方式。

(四)争取最有利条件原则

筹集资金要做到时间及时、地域合理、渠道多样、方式机动。这是由于同等数额的资金在不同时期和环境状况下,其时间价值和风险价值大不相同。所以,创业者要把握筹资时机,以较少费用筹集到足额资金。

因此,必须仔细研究筹资渠道及其地域,战术灵活,及时调整,相互补充,把筹资与创建、开拓市场相结合,实现最佳经济效益,如图5-4所示。

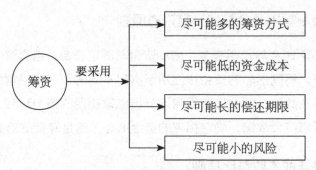

图5-4 筹资的最有利条件原则

三、筹集资金的途径

创业者可从以下几个渠道来筹集资金。

（一）自有资金

自有资金就是将自己积蓄多年的钱拿出来创业，这是自己说了算的。自有资金是创业最源头的资金，是企业的真正原始投资，也可称为原始股。

（二）向亲朋好友借

从朋友或亲戚处借钱是创业筹资最常见的做法。但是，一旦企业创办失败，会因收不回自己的钱而伤了彼此间的感情。因此，你要向他们说明可能存在的风险，千万不要因为资金问题而影响到和亲朋好友的关系，这样是得不偿失的。

> **创业启示**
>
> 为了让亲朋好友了解你的企业，你要给他们一份你的创业计划副本，并定期向他们报告创业的进展情况。

（三）创业贷款

创业贷款是指具有一定生产经营能力或已经从事生产经营的个人，因创业或再创业而提出资金需求申请，经银行认可有效担保后发放的一种专项贷款。

向银行贷款是现代创业者选择最为广泛的一种筹资模式，但是一般情况下需要有固定资产能够抵押。国家也出台了一些政策支持创业贷款。创业者需要把创业计划书做到全面具体，这样才有助于获得银行贷款的支持。企业自身的形象是一个重要因素，不要给银行人员留下随意、邋遢的印象。

（四）寻找合作伙伴筹资

寻找合作伙伴筹资能够降低创业的风险，而寻找合作伙伴有一个前提便是合作伙伴要对创业有促进作用，两者的合作能够提高创业的成功率。

（五）从供货商处赊购

除了以上筹资方式，创业者还可以从供货商那里赊一部分账。不过这并不容易，因为大多数供货商只有在确认企业确实能够运转良好之后，才会允许赊账。

（六）加盟连锁

俗话说"背靠大树好乘凉"，许多大公司为了扩大市场份额，选择连锁经营的方式来扩充自己。为了有效而快速地扩大连锁经营的覆盖面，它们广泛吸收个体业主加盟经营。为此，它们常常会提供一系列优惠待遇给加盟者，这些优惠待遇或是免收费用，或是赠送设备等，虽然不是直接的资金扶持，但对缺乏资金的创业者来说等于获得了一笔难得的资金。

四、寻找投资人

很多创业者在创业的过程中，都希望获得投资人的投资，特别是专业的风险投资人，他们不但能够提供企业发展所需的资金，往往还可以在企业经营管理方面给企业提供帮助。但并不是每个创业者都认识投资人，那么我们可以去哪里找呢？

（一）熟人圈子、靠谱的朋友引荐

一般由身边靠谱的朋友引荐相对来说是质量最高、效果最好的途径和方法。不管是天使投资人还是风险投资人，都要接触大量的人，与方方面面的人打交道。对于投资人来说，因为有了信用背书，他们更愿意投资熟人引荐的项目。

另外，创业者还应该特别关注同学圈以及同事圈，这两个圈子通常能比较容易地建立起信任关系并发展合作。

（二）参加创投活动或者公开路演

各大城市，特别是一二线城市，几乎每天都会有各种与互联网创业相关的活动或路演，在公开路演中演示项目，就有机会一次性见到很多投资人。

如果创业项目足够亮眼,就有机会吸引投资机构和媒体的关注,路演是一次展示,需要保持好的心态和信心。同时,也要在这种场合下多发名片,包括到场的投资人以及听众,争取更多的沟通交流机会,靠路演的短短几分钟是不够的。

(三)主动投递商业计划书给投资人和机构

这是最常规、最简单的一种方法。很多投资机构和投资人会在网上留下邮箱,有融资意向的创业者可以向他们投递商业计划书。但这个方式效率并不高,石沉大海的可能性非常高,而且还需要找到这些投资人的私人邮箱,难度会更大。

投递商业计划书给机构,选择一些知名投资人离职后的新创基金,比如,熊猫资本、愉悦资本、紫牛基金,他们更愿意给新人机会。而一些比较出名的大机构,每年会收到非常多的商业计划书。

(四)在社交媒体上找投资人

互联网的发展很大程度上给予了我们福利,现在的投资人几乎在各大社交网站上都很活跃,可以在知乎、微博、社区等各大社交媒体上找到他们,给他们私信留言,往他们的工作邮箱中发送商业计划书,沟通顺利的话,可能会有和他们见面的机会。

(五)寻求融资过的公司帮助

创业者可能无法近距离接触投资人,如果自己或朋友的身边有已经拿到过投资的创始人或者创业团队,可以和他们取得联系并寻求一些建议。从某种程度上来讲,这可能是一件互利互惠、互帮互助的事。

(六)专业的第三方平台

对于缺乏直接或者间接投资人资源的大多数创业者而言,借助专业的第三方平台寻找目标投资人不失为一条有效的途径。

> **创业启示**
>
> 创业者要根据自己的实际情况,选择恰当的方式去进行自己的创业之旅、融资之旅,并注意甄别陷阱,不要掉入诈骗陷阱。

创业分享

了解天使投资与风险投资

1.天使投资

天使投资（Angel Investment）指个人出资协助具有专门技术或独特概念但缺少自有资金的创业家进行创业，并承担创业中的高风险、享受创业成功后的高收益，可以说是自由投资者或非正式风险投资机构对原创项目构思或小型初创企业进行的一次性的前期投资。它是风险投资的一种形式。根据天使投资人的投资数量以及对被投资企业可能提供的综合资源，天使投资一般有以下特点。

（1）大部分天使投资都是个人投资。

（2）绝大部分天使投资人都是熟人，包括老师、同学、亲友、同事、领导、上下游客户等。

（3）天使投资人一般占有干股，享有收益、不承担经营风险（即天使投资最大的亏损就是天使投资的金额，投资人不承担创业公司其他额外的亏损或债务）。

（4）天使投资人一般不参与创业公司的日常经营，不干涉创业者的发展战略和具体操作。

（5）天使投资人一般会要求企业每年召开1~2次股东会，并查看公司财务报表（年报居多，季报相对较少）。很多初次创业者往往忽视了这一点，不仅不召开例行的股东会，甚至连公司财务报表都不提供给天使投资人！这一点其实是不对的，因为天使投资人也是股东之一，而且是创业公司前期的最主要出资方，是需要彼此尊重的！而且，创业者一旦养成了忽视天使投资人的股东权益和查看报表权益的习惯，那么创业者在后期的公司日常经营中会缺乏财务风险和财务管理的意识，并在后续的投融资进程中遭遇多项困境。

（6）天使投资普遍没有"一票否决权"。但是，在投资协议中，天使投资人往往会要求有优先回购/优先出售选择权，并在涉及影响自身利益的公司重大股权变更、重大经营调整时有建议和退出权。

（7）天使投资的金额普遍在50万~1000万之间，100万~300万的天使投资金额更为普遍。这几年，随着互联网资本和AI、芯片等高科技创业的持续火爆，一些"明星创业者"出场，天使投资甚至能直接超过1亿元或更多。

（8）天使投资的占股一般是10%~20%，少数会达到25%~30%。天使投资的占股不宜太高，因为后期需要多轮投融资，需要确保创业者拥有多数投票权，同时还要预留合伙人和骨干员工的股权期权池。

(9)天使投资对创业者是比较友好的。即使创业失败,天使投资人往往也是"愿赌服输",不会找创业者追索投资款。当然,如果创业者一开始没有和天使投资人讲清楚,而是以"借款"的形式来创业,那么创业失败后,天使投资人就会找创业者要求"还钱"。

2. 风险投资

风险投资,俗称VC(Venture Capital),也称为创业投资。广义的风险投资泛指一切具有高风险、高潜在收益的投资;狭义的风险投资是指以高新技术为基础,对生产与经营技术密集型产品的投资。根据美国全美风险投资协会的定义,风险投资是职业金融家投入新兴的、迅速发展的、具有巨大竞争潜力的企业中的一种权益资本。

(1)风险投资一般分为战略投资和财务投资。

战略投资指的是以某种目标作为投资成果,最后再达成一定的战略目的的投资方式。战略投资者注重结合效应,关注重点在于业务自身的未来发展和优化。

一般来说,战略投资人和被投资公司有业务上的联系,两者往往从事上下游或者近似行业。战略投资者除了能投钱之外,可能还能为公司介绍一些客户/供应商/技术/经验/人才或者其他对业务有帮助的资源,有助于被投资公司发展。除了投资股权增值之外,战略投资人可能还会获得一些协同效应、战略布局效果等,所以在投资价格方面可能会比较宽松。

当然,接受战略投资也有不利的一面,就是对被投资企业影响比较大,双方产生分歧矛盾的话会很难解决。被投资企业接受战略投资会比较慎重。

财务投资指的是以资金或资本投入某个项目或者公司进行入股并牟取收益的投资方式。财务投资者一般注重财务回报,在做出投资决策前,往往要先看公司的规模增速及发展方向,也就是一个项目或公司的"天花板",即最大成长值。

财务投资人手头就是钱多,除了钱基本没有其他东西,能够提供给被投资企业的主要就是资金。财务投资人获得回报的渠道也比较简单,就是股权增值和分红。所以财务投资人通常会在价格方面考虑得比较仔细,对财务比较看重。

财务投资的好处是简单,只要被投资企业能挣钱就行,投资人不太会干涉和影响被投资企业的战略规划。即便双方意见有些分歧,也可以用合适的价格请财务投资人退出去,(相对于战略投资而言)麻烦会比较好解决。

大部分创业者选择财务投资,少部分创业者选择战略投资。选择战略投资的创业者,往往从一开始就有着"抱大腿、快速上市变现"的目标,也有一些属于在创业过程中经历了多次生死考验、濒临破产后的无奈选择。不管怎么说,两种方式各有利弊,创业者在选择时要根据自身实际情况来定。

（2）风险投资基本上都是机构投资（非个人），投资金额从数百万到数百亿都有可能，分为A轮、B轮、C轮……中间偶尔还有A+轮、C+轮之类的。

（3）风险投资有创业者通过路演、创业竞赛等主动找来的，也有投资机构主动找过来的，还有很多是熟人介绍过来的。近年来，创投圈出现一种新趋势：明星创业者往往身边就聚集了一大批风投机构的朋友和熟人，一旦这些"明星创业者"准备创业，那么周边的"熟人"风投机构立马跟上，甚至会排斥其他风投机构的介入。

（4）风险投资机构对创业公司的具体业务运营能力、财务状况非常关注，查看季报、年报，参与董事会会议等属于基本配置。

（5）风险投资机构和创业公司普遍都有"对赌协议"，一般要求公司N年进入上市或上市辅导期，或者是要求公司每年达成一定的业绩目标（销售回款、流量/流水、利润、年均增长率、市值增长幅度等）。当创业公司未能完成目标任务时，创业者（大股东，创始人）将承担相应的处罚责任，轻则稀释股份、公司回购（有利息要求），重则控股权专一，创业者从大股东变成小股东，甚至还要承担"无限连带责任"，没钱还款后纳入"失信"名单，严重者直接触犯法律法规，后果非常严重！

（6）很多风投机构会要求己方在被投资公司中有董事会成员，并且要求有"一票否决权"。众所周知，"一票否决权"对任何创业公司来说，都是一种极大的制约和束缚，很多创业公司都遭遇过这种情况：本来有新的投资机构要进来，给出的市值更高，投资条款更宽松，但是因为前期的投资机构有"一票否决权"，很可能以"禁止同行/竞品投资"的理由否决新的投资机构进入！

（7）风投机构占股一般在5%～20%之间，但是也有一些风投机构直接变成大股东，同时保留创业者的多数投票权。

学习笔记

通过学习本部分内容,想必您已经掌握了不少学习心得,请仔细填写下来,以便继续巩固学习。如果您在学习中遇到了一些难点,也请如实写下来,方便今后重复学习,彻底解决这些难点。

我的学习心得:

1. _____
2. _____
3. _____
4. _____
5. _____

我的学习难点:

1. _____
2. _____
3. _____
4. _____
5. _____

第二部分

团队建设

阅读索引：
- ➡ 团队组建
- ➡ 团队沟通
- ➡ 人才培养
- ➡ 团队激励
- ➡ 文化建设

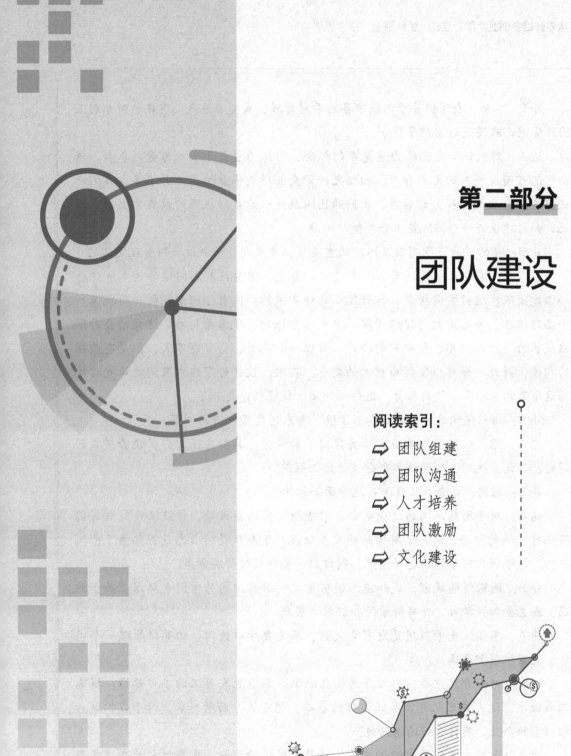

小B：A总，看了您关于创业准备的系列资料，我受益匪浅。现在，对于创业团队管理，我还想请您指导指导。

老A：现代社会是团队力量竞争的社会，团队力量大于个人力量之总和，借助团队可增大个人的无形资产。初创之际的企业所能依靠的资源并不多，我们的伙伴就是自己最强有力的后盾，我们的团队就是以后攻城拔寨的最有力武器。因此，如何建设好一个团队是十分关键的问题。

小B：是的，我正是明白了团队的重要性，才来向您请教该如何管理团队的。

老A：一家企业从无到有，人是关键。首先，你要找到志同道合的人和你一起组建团队，这就需要提前设计好团队的组织架构。没有组织架构的公司就像一个临时组织，缺乏有效的组织管理，单纯靠老板的主观意愿行事。这样的公司很难成长为一个高效率、高盈利的公司。好比一台机器，它可能不大，但是有精密的构造，因此一样可以发挥出巨大的能量。其次，设计好了组织架构之后就要根据这个架构去招募合适的人员，这样你的团队就能组建起来了。

小B：组织架构这方面我还真不了解，看来还要仔细研究一下。

老A：嗯，这方面你确实有必要提前了解清楚。其实在探讨公司经营模式的同时，你就要规划、设计好未来企业的组织框架。

小B：好的，我会去认真学习这方面知识的。

老A：对于团队的沟通，你也要足够重视。团队要成功，你就必须时刻与团队保持良好的沟通，随时了解团队的发展状况，了解队员的心态是否偏离了团队目标，并根据你所了解的这些情况，制订出一套有效的解决方案。

小B：谢谢您的提醒，我知道沟通很重要，而且沟通的学问也挺深。关于沟通，我也要加强学习，并将所学的知识用于实践。

老A：不错，光学不用是没有意义的，而是要学以致用。你觉得管理一个团队，激励机制重要吗？

小B：这个肯定重要啊！优秀的团队激励方案能激发员工的工作热情，提高工作效率，这也是团队能否高效运行的基础。您是这方面的行家，对于我们这种初创型的企业，有什么好的建议呢？

老A：管理者不仅要把激励看作推动员工前进的手段，更要把它放在战略高度，作为一种企业文化去塑造与培养。这是有关团队建设与管理的一些资料，你拿回去好好看看吧。

小B：听您说了这么多，我确实有点迷糊，那我就好好看看您的这些宝典了。

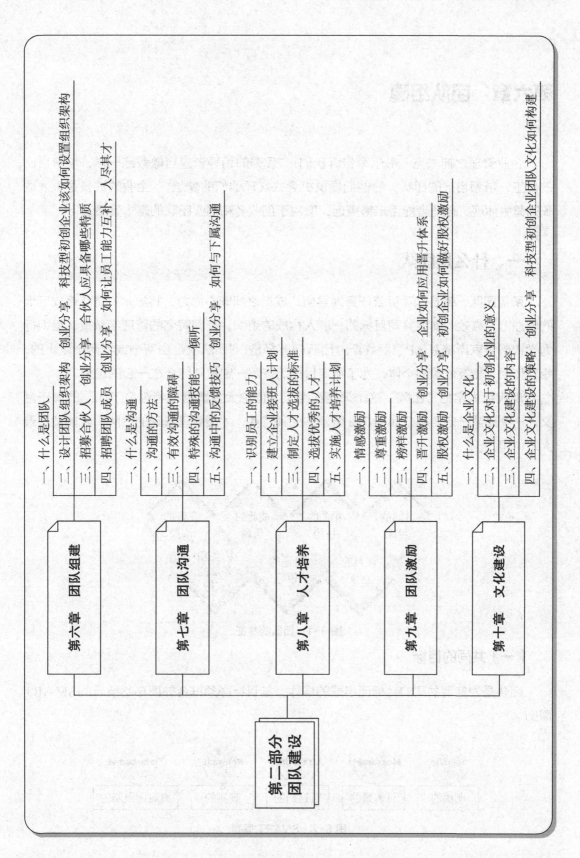

第六章 团队组建

企业管理之神杰克·韦尔奇告诉我们:"优秀的领导者应当像教练一样,培育自己的员工,带领自己的团队,给他们提供机会去实现他们的梦想。"企业的成长是人才成长的集中体现,创业者能否走得更远,取决于创业者和创业团队的基本素质。

一、什么是团队

所谓团队,就是以项目或任务为导向,成员之间同心协力,将集体智慧结合成巨大的创造力,高效地实现共同目标的一群人构成的组织。美国著名的管理学教授、组织行为学权威专家斯蒂芬·P.罗宾斯对团队的解释是:"团队就是由两个或者两个以上的,相互作用、相互依赖的个体,为了特定目标而按照一定规则结合在一起的组织。"

现代组织常把"团队"这个词挂在嘴上,但绝大多数管理者都忘了团队的真正意义。一个团队一定要具备如图6-1所示的七种特性,才能算是真正的团队,才能发挥最大的作用。

图6-1 团队的特征

(一)共同的目标

团队是为实现共同的目标而组成的群体,其目标必须符合如图6-2所示的SMART原则。

图6-2 SMART原则

组建团队的目标是什么？这个很重要，因为目标就是方向，组建每个团队都是为了完成一定的目标或使命。没有目标的团队就没有存在的意义，或者说没有目标的团队根本称不上一个团队。

（二）相关的技能

团队成员必须具有互补技能，这样才能相互协作，发挥各自的优势，共同努力，实现共同的团队目标。

> **创业启示**
>
> 并不是最强的人组合在一起就能组成一个最强的团队，团队成功的关键在于充分发挥整体优势。这就需要团队成员做到优势互补，实现整体优势大于局部之和。

（三）彼此的信赖

信任是合作的基础和前提，团队成员之间只有相互信任，才能最大限度地相互协作。整个团队对目标达成共识，是成员彼此信任的第一步。

（四）良好的沟通

沟通是团队成员协作的通道，只有良好的沟通才能保证团队成员间良好的协作。

（五）谈判的技能

能言善辩的谈判高手能够给团队争取到合适的资源和项目，以及团队内外的支持。这些能够保证团队工作的顺利进行和目标的实现。

（六）合适的领导

在团队中，我们不能过分强调个人的作用，但也不能忽略个人的作用。领导是团队的精神领袖，只有合适的领导才能带领团队英勇奋战。一个好的团队领导对于建设高效率的团队有着不可替代的作用，能充分发挥团队中每个成员的优势，使团队的资源得到最大限度的利用，从而创造出非凡的业绩。

（七）内部和外部的支持

一个杰出的团队既要有合理的内部组织结构，又要有外部资源的支持。

二、设计团队组织架构

人员架构体系是团队管理的重要组成部分。科学合理的架构体系有助于工作效率、服务质量的提升,有利于实现成本控制。

(一)组织架构的内容

组织架构是企业全体员工为实现企业目标,在工作中进行协作,在职务范围、责任、权力方面形成的架构体系,主要包括如图6-3所示的内容。

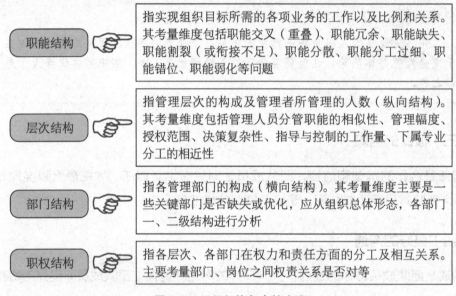

图6-3 组织架构包含的内容

(二)组织架构的设计理念

组织架构设计的基本理念如图6-4所示。

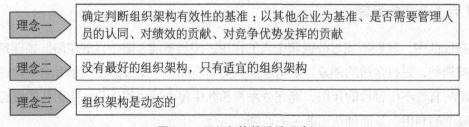

图6-4 组织架构的设计理念

由于创业规模和项目的差异,在人员架构体系中,职位及人员数量也会有差异,创业者要根据具体情况来设置。

创业分享

科技型初创企业该如何设置组织架构

创业初期,团队人数较少,事情较多,其组织架构设置应简洁高效、短小精悍,尽量扁平化。

1. 层级设置

初创企业的层级设置不能太复杂,最好就是两层:第一层是管理层,第二层是业务部门。两层扁平化的组织架构下,管理层可以和团队中的每个人实现直接的点对点沟通,有利于工作进展的快速对齐、计划的有效执行和目标的最终达成,整个组织的运行将非常高效。

2. 管理层

再小的企业也必须有大脑。管理层就是企业的大脑,大脑健康,企业才能健康成长。在企业发展的早期阶段,管理层的人数不宜太多。因为企业本来就小,指挥者一多,大家就不知道听谁的了。人多也很难达成统一的决策意见,影响决策效率。

在初创阶段,管理层建议三个人为宜,如同三角形的三个端点,使团队这个三角形稳定而高效。在业务分工上也比较合适,一人负责内部管理,一人负责市场,一人负责研发和生产。

有的初创公司,管理层只有老板一个人。一个人决策虽然更快,但是老板比较累,什么都得管,也没有人可以参谋。

3. 业务部门

业务部门的设置也要精简,初期设置研发部、市场部和综管部等几个必要部门就够了。有的企业有生产任务的,可以加一个生产部。还有些公司做特殊行业的,因为行业资质要求,可能需要单独设置一些特殊的部门。

(1) 研发部

对于科技型企业,创业阶段的人员一般以研发团队为主。研发团队的二级部门设置不用太复杂,应以产品需求为导向,以沟通高效为原则。

如果企业业务比较单一,只做一个大产品,建议研发部按照技术领域分组,比如设计组、硬件组、软件组、结构组、测试组等;如果企业的产品比较多,可以按照产品分组,比如A产品开发组、B产品开发组、C产品开发组。

不太建议按照项目分组,这里的项目不是指产品开发项目,而是对外交付项目。有不少企业是以项目驱动的,拿一个项目,就搞个团队去交付,市场能力很强,但产品方面的意识薄弱。企业在项目少的情况下还能应付,随着企业发展,项目逐渐多起来,各项目团队人员不能复用,资源浪费严重,而且各个项目的开发成果无法共用,技术无法沉淀,无法形成标准化产品。因此,不建议研发团队按交付项目分组。

研发部无论按照什么方式进行分组管理,有一点必须要注意:测试人员一定要独立出来,单独管理。测试团队是产品发布的验收部门,必须保持独立性。早期阶段,为了方便沟通,测试团队可以被放在研发部。随着企业发展和研发团队规模的增大,测试部要独立出来,成为研发部的平行部门。

(2) 市场部

科技型企业在创业初期的主要任务是研发产品,市场部人员一般不多,可以不用设置二级部门。当然,有些自己不做产品的纯销售型企业除外。

还有些企业,招投标任务比较多,可以在市场部下设置专门的商务组。

(3) 综管部

综管部由人事、行政、财务、IT、质量等职能人员组成,为了节省成本,一般都是一人身兼多职。但是,需要提醒的是,有些岗位最好安排专职人员。

一是财务人员。在创业初期,财务人员可能就一两个,他们掌握企业完整的经营数据,且经常接触老板或管理层。财务人员兼职其他岗位,容易泄露企业的商业秘密。如有必要,财务部可以上升为一级部门。

二是质量人员。产品质量是企业的立身之本,也是企业的生命线。尤其是小公司,质量人员不可能太多。如果一个人兼职多方面质量工作,比如质量体系管理、产品/项目质量、出厂质量检验等,再让质量人员兼职其他职能工作就不合适了。

(4) 生产部

大多数企业在创业初期,如果有生产加工任务,一般选择委外加工。因为自建工厂没有那么容易,需要经验丰富的生产管理和生产加工人员以及很多生产设备,投入太大,也没有那么多业务支撑产能。

生产部如果要设置二级部门,设置采购部和生产部就够了,生产计划可纳入综管部统一管理。

总之,对科技型企业来说,在初创阶段,其主要精力应该放在产品研发上,组织架构设置也是以此为原则,以最大限度发挥已有人员的工作效率,更好地帮助企业快速推出产品并创造效益为指导思想,不能让组织机构的设置成为影响企业业务发展的障碍。

另外,企业无论处于什么阶段,都要重视法律合规性的内审工作。在创业初期,企业就设置专职法务岗位不太现实,但是可以聘请一个法律顾问。管理层在合规经营上必须做到心里有数。尤其是做移动端App、即时通信、电商平台、网络直播等互联网业务方面的公司，更要重视法律合规方面的要求。近几年，随着相关监管部门对互联网业务监管的进一步加强，很多互联网公司因为不懂法律监管要求而违规被"一锅端"的案例屡见不鲜。

三、招募合伙人

选择合伙人是公司运营、发展首先要解决的问题。合伙人的好坏，直接决定你的创业梦想能否实现，决定着能否达到创业目标，也决定着你的创业团队能不能共同走下去。

（一）什么情况下需要合伙人

合伙人是随着技术创业风潮的兴起才开始变得越来越重要的，很多早期的传统行业，比如地产业、制造业，往往最开始都是初创者单枪匹马打拼出来的。如果你要解决的问题是和之前工作本质一样的熟悉的领域，那么你就是公司的核心竞争力，这样的初创者往往可以解决创业初期的很多困难，也不太需要合伙人。

相反，要解决的问题越复杂，行业跨度越大，产品越新兴，初创者就越需要一个或多个合伙人。一家技术公司要成功，需要团队有很强的综合能力，一个人光在技术方面厉害，但并不懂得营销或市场，也很难把公司做起来。所以，合伙人必须精通初创者缺失领域的技能和行业知识。有了得力的合伙人，创始人就不必事事亲力亲为，合伙人可以帮助创始人学习和了解缺失的内容资源，筛选面试员工等。

在创业了一段时间，开始具体项目之后，也会存在寻找合伙人的情况，这时候可以根据具体需求有针对性地寻找合伙人。随着公司的发展壮大，它可以吸引到更多优秀的人才，这时候就可以用更开放的心态去寻找合伙人。

（二）为什么不是核心员工，而是合伙人

当创业者发现自己缺少某一块领域的能力时，到底是招核心员工，还是招合伙人？

核心员工和合伙人是两个完全不同的概念。核心员工和初创人之间是雇佣关系——我做事，你给钱。所以不管公司怎么发展，员工每月从公司领取收入，也没有义务贡献自己的全部资源，和公司的利益并不完全捆绑，因此可以随时离开。而要成为合伙人，第一个条件就是愿意与初创人一起承担风险，比如，一起融资、贡献彼此的时间并且愿意把个人积累的资源贡献给公司。另外，合伙人可能在创业早期和创始人一样要面临无法获得收入的处境。

总之，核心员工处于接受管理的范畴中，创始人则要和合伙人承担相同的责任，为公司承担风险。公司在发展过程中一定会遇到各种各样的问题，例如，观点出现分歧或因信息不对称而产生误解，这时需要合伙人和创始人一起维护牢固的合伙关系。

（三）到底需要几个合伙人

到底需要几个合伙人，应根据公司未来的发展需求和实际情况分析。如果合伙人中出现一人多能的角色，或者项目链条比较短，那么合伙人的需求数量就比较少。

创业者可以先对公司的需求做一个优先级划分，明确在当下哪些需求对企业的发展最重要、最迫切，然后先将这部分合伙人找到，这样才能让项目往下推进。

比如，在技术创新公司中，有一种做法是根据里程碑业务去倒推，比如，将公司的最简化可实行产品（MVP）作为第一个里程碑产品，去计算研发出这样一个MVP需要多少合伙人。这是很多创业公司早期会使用的方法。

而从一个完整的创业公司架构来看，人力资源、财务、创新发展、管理优化、技术这五个方面应该都有能独当一面的人，因此初创者要考虑选择在这五个核心领域里表现出色的人成为合伙人。

（四）合伙人从哪里找

信息不对称是寻找合伙人时的难题，初创企业可以通过如图6-5所示的三种途径去找。

途径一	通过周围朋友的介绍，或是在行业圈子里寻找熟悉这一领域的人。创始人对这样的合伙人比较知根知底，有信任基础
途径二	根据垂直领域的需求找；或者选择一些专门帮助创业者寻找合伙人的网站来寻找。这些方式都可以让初创者建立与目标合伙人的联系
途径三	除了主动寻找，创业者可以通过"自我推荐"吸引合伙人。在社交网络平台，如知乎、微博、微信群等主动做一些个人品牌的搭建和宣传，当个人品牌有了一定的知名度，相关的合伙人也会与你沟通

图6-5 寻找合伙人的途径

（五）如何说服目标合伙人加入

对于创业初期的公司来说，公司业务还没有得到市场的认可，因此很难用资源或成果去吸引优秀的合伙人。这时候就需要初创者靠个人的人格魅力和沟通能力去说服对方。

需要注意的是，这个沟通的过程与公司招聘员工的面试不一样。招聘员工更侧重了解对方的业务能力和专业技能，而与目标合伙人的交流则是一次相互坦诚的沟通过程——是一种双向交流。

一方面，初创者要多维度了解对方，包括过往的经历以及遇到的挫折和收获——从对方对生活和工作的看法判断对方的价值观和处事态度。

另一方面，因为要寻找未来和自己一起共同创造事业的亲密伙伴，因此在第一次见面的时候，初创者也应该诚恳地展现自己，包括自己的过往经历、目前公司的发展情况以及未来的计划，这样才能够让对方与你坦诚交流，从而建立起相互信任的关系。

经过更深一步的了解之后，如何打动对方加入团队呢？这就要从了解对方的诉求入手，并且评估公司要做的事情是否有助于实现他的诉求。

比如，激发对方的创业成就感，让对方意识到成为合伙人，其价值可以更好地发挥出来。

当然，这样的沟通并不是每次都能成功，寻找合伙人本来就是双方互相试探和磨合的过程。初创者在沟通之后很有可能会发现对方与自己构建的"合伙人肖像"有差距，或觉得正在努力的事情并没有获得对方太多的认同。这些现象都很普遍，所以初创者也应做好这样的心理准备。

（六）合伙人加入前的准备

在合伙人加入公司之前，初创者应该将每个合伙人需要承担的责任、拥有的权力、后期会获得的利益以及退出机制都商议好。

公司发展到不同阶段，合伙人发展的速度可能不一样，在团队中的价值也会相应发生变化，在这种情况下，对合伙人有一个提前约定好的基础性原则很有必要。

> **创业启示**
>
> 很多人会基于眼前的价值分配权益，而忽略了在时间发展轴上不同合伙人的价值的变化。在讨论利益分配的时候一定要把这种情况考虑进去。

每个合伙人在不同时期的价值是不同的。在利益分配上，创业者要考虑以下情况。

（1）在公司还没有开发项目和产品时，资源型创始人处于核心位置，最大化地发挥资源的价值，创立了公司；而有专项技能的合伙人，比如，擅长技术或者商务沟通的合伙人，此时的价值可能没那么大。

（2）进入开发阶段后，技术型合伙人的价值处于最大值；到了产品推广阶段，商务型合伙人的价值就体现出来了。

对此，建议创始人在团队创建前有一个长远的规划，如可将四年作为一个基础周期，讨论公司未来的发展情况，比如，可以规定第一年离职的合伙人拿不到股权。另外，在分配股权时，创始人可以鼓励每位合伙人从自己的股权中拿出一部分作为预留期权池，如果一个人在团队中的价值变得越来越重要，那么可以对这样的人给予奖励。如果一开始就将所有股权都分配完，那么一旦将来合伙人在公司里的价值发生了变化，很难有余地做修改。

创业分享

合伙人应具备哪些特质

对于创业者来说，找到一个合适的商业伙伴尤为重要，毕竟一个人的精力是有限的。那么，如何寻找合伙人呢？合适的合伙人应该具备哪些特质？

1.彼此认同

这体现在对这家公司要做的事情的认同，以及对初创者本人的认同。合伙人之间有共同的价值观和认同感，能保证在未来创业过程中如果遇到问题，可以一起坚定地克服困难。价值观趋同衍生出的包容和信任也有利于稳固合作关系。

对于初创公司来说，创始人团队的每个成员直接决定了公司能走多远。尤其是许多年轻人开始创业时多从理想出发，最终因利益冲突和不信任而分道扬镳。合伙人与创始人之间相互信任是基本要求。当然，信任的前提是真诚，不能因自己的私利而损害其他伙伴的利益。

比如，在一些关于公司发展方向的问题上应该与其他合作伙伴讨论，即使意见有分歧，也要分析利弊，达成一致后再做决定。

2.互补

互补可以概括为能力互补和性格互补。

（1）能力互补

能力互补是初创者寻找合伙人的主要目的，借助合伙人的资源和经验，可以弥补初创者的短板。一个人不太可能面面俱到，合伙人可以弥补初创者身上的不足。

在营销技巧、管理技巧、人际交往技巧等方面能力优秀的人可以成为初创者的业务合作伙伴。尤其是创业早期阶段的业务，初创者需要善于人际沟通、负责人员招聘、吸引客户、维护客户关系等方面的合作伙伴，也需要推动公司的产品市场、具有开放意识、能塑造品牌形象的合作伙伴。

（2）性格互补

合伙人最好能和初创者性格互补。比如发散型思维的人对于机械化事务的处理意愿不是很强，而公司需要一个这样的角色去负责运营和优化，因此合伙人的逻辑性和计划性要强，性格最好能相对稳健。

3.有风险承受能力

这种承受能力一方面是心理上的——当公司的发展遇到困境时，有没有决心解决问题？心理承受能力差的人往往会在遇到危机时做出消极的选择，甚至还会影响团队士气。另一方面，风险承受能力指的是合伙人实际的资源和能力，即能不能帮助公司渡过难关。

四、招聘团队成员

做好团队的搭建后，接下来就要通过合理的渠道进行外部或内部的人员招募了。

（一）团队成员筛选的标准

团队成员的筛选有如图6-6所示的两个主要标准。

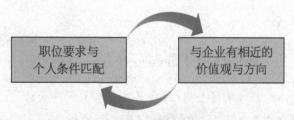

图6-6　团队成员筛选的标准

这两点只有匹配得当，才能形成良性的团队扩充。当然，人员与标准的匹配度也需要在后期运营管理过程中得到检验和加强。

（二）招聘员工的参考依据

创业者在招聘员工时，可参考如图6-7所示的依据。

图6-7　招聘员工的参考依据

1. 经验丰富

创业初期招聘的时候,一定要了解应聘者是否有相关的经验。这一点对于初创企业而言极为重要。

创业者自身在企业运营中起到的仅仅是一个带动的作用,很多基础工作还是需要员工自己吸收、融合,因此员工如果没有类似的工作经验,可能会导致后期磨合失败、离职率增加等情况发生,从而丧失团队的稳定性,甚至还可能会导致企业经营出现严重问题。

2. 志趣相投

为了保持团队的稳定,创业者应根据自己的性格、处事态度等选择有共同语言、志趣相投的员工。

创业者和员工的相处会渗入日后工作的方方面面,二者如果不能进行良好的沟通和交流,很容易产生精神上的懈怠感,以致丧失工作的动力和热情,从而导致团队不和谐,造成企业运营的困扰。

3. 能力达标

在招聘前期,考核员工相关的工作经验之后,在正式选择录用的过程中,创业者一定要选择业务能力达标甚至出众的应聘者,同时要求他们具备各方面的学习能力。

 创业分享

如何让员工能力互补,人尽其才

俗话说"尺有所短,寸有所长"。每个员工都有自己的优缺点,都有各自的特长。管理者在确定好岗位职责的同时,还应根据员工的性格特点、能力和素质安排工作,做到人尽其才。各成员之间良好协作,充分发挥作用,才能使团队的效率最大化。创业者在组建团队时,应该充分认识到各个成员的基本特征,容人短处,用人所长。

1. 根据特长区别任用

主观和客观的局限性决定了任何人只能了解、熟悉和精通某一领域的知识或技能,一个人不管多么突出,也只能在他所适应的领域具备特长。

比如,如果把一个擅长分销的人才安排去做终端销售,那么他就不可能发挥其应有的作用,因为分销和终端是两个不同的领域,所接触的客户群体完全不一样,一个是面对经销商,需要有谈判技能、培训经验、社会经验,需要有管理市场、帮助经销商开拓市场、建立下一级分销的能力;而另一个只需要对终端进行维护,检查终端库存,做终端促销等工作。两种工作的内容有一定区别,要求人才的综合素质也不一

样,错误地安排工作就不能让员工在适合的领域发挥他们的特长。

所以在工作领域和人的特长二者中,应把考虑的重点放在人的特长这一方,要因人而用,不要人为地强求别人改变或放弃自己的特长,勉强地去适应工作。善于用人的管理者总是针对人的特长安排适宜的工作,分派适合的任务,以发挥人的特长优势。

2.按特长的变化而用

所有人的特长并不是一成不变的,有些人的特长还具有转移性,可以从这个领域转移到另一个领域。

比如,现在很多出类拔萃的营销人员,有相当一部分人并不是学营销专业的,所学专业甚至和营销专业毫无关系。

这些特长转移的人往往是难得的人才。他们没有学这个专业,却在这个领域做得特别好,这就说明他们的创造性思维活跃,敢于冲破习惯的束缚,善于创新、拼搏,具有很多人不具备的开拓精神和创造能力。

所以管理者在发现这些人的特长转移后,一定要对其工作领域进行调整,使其在合适的岗位上发挥应有的能力,为团队创造更多的效益,同时更要保证给其一个良好的工作环境和条件,这样才能既用好人才又安抚人才。

3.按状态合理安排

每个人都有他一生中的最佳状态。

比如,在我国改革开放时,总设计师邓小平同志在任期间就针对领导干部年龄偏大的现象进行改革,大胆提出干部年轻化的用人策略,造就了一大批年轻的领导者和企业家。

在团队管理中,管理者也要用那些有经验、年轻有魄力的人员,把握其状态,以便让他们的特长充分发挥作用,不要等人到了衰退期再用,否则,人的特长发展阶段和高峰保持阶段已过,很难起到扬长的效果。

4.善于发现特长

人的特长越是被使用,发展得就越快,越能增进它的优势;相反,如果不被使用,那么时间一久就会失去优势。作为企业管理者,要善于在使用中开发团队成员的特长,挖掘其特长,促进其特长发展。通过使用在实践中培养团队成员的特长,不仅能使团队发展更上一层楼,而且会留住真正的人才。

如果一名管理者发现团队成员的特长而不使用,不仅是最大的人才浪费,而且是对人才的一种可怕压制。

5.以特长取人

一个人的长处是相对其他人来说的,是通过比较承认的。管理者在用人的过程中要用那些比别人更优秀的人，这样团队才会不断提升。环境造就人才，如果管理者所使用的大多是比较优秀的人才，即使有一部分人能力不强，时间一久，他们也会不断地提升，团队的整体素质也会提升。一旦拥有了一流人才，那么管理者就自然而然地拥有了一流团队。

所以，管理者在用人时要坚持择优原则，做到以特长取人，谁的特长突出，谁的才干最好，谁的能力最强，就任用谁。

6. 能者多劳，也要多得

许多管理者总爱将"能者多劳"挂在嘴边，但是员工却在等着领导们的下文——"多劳多得"。如果能干成了自己的负累，久而久之，下属们金子般的能力和工作积极性就会变得越来越暗淡。

所以，如何发挥好团队成员的特长，应作为团队管理的一项长期任务来抓。只有真正做到使每个人都发挥自身的特长，这样的团队才是高效的团队。

第七章　团队沟通

在现代企业建设的背景下，团队的作用越来越重要。高效的团队是企业成功的核心要素，管理人员更要有强烈的团队意识。管理人员与决策者之间、管理人员与管理人员之间、管理人员与下属之间都要不断协调，相互信任，彼此欣赏，构建一个良好的沟通平台。

一、什么是沟通

（一）沟通是意思的传递

沟通就是将信息传递给对方，并期望得到对方做出相应反应的过程。如果没有信息或观念的传递，沟通就不会发生。

（二）沟通是双向的过程

人们在工作和生活的过程中，常把单向的通知当成了沟通，这样的效果非常不好。换句话说，只有双向的交流才叫沟通，任何单向的信息传递都不叫沟通。因此，沟通一定是一个双向的过程。如图7-1所示为上下级之间的双向沟通过程。

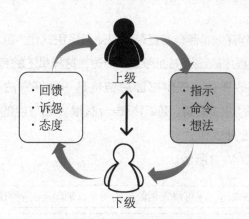

图7-1　沟通是双向的过程

（三）沟通的特点

沟通具有如图7-2所示的四个特点。

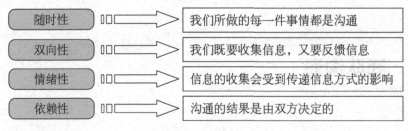

图7-2 沟通的特点

二、沟通的方法

管理人员的沟通分为正式沟通和非正式沟通。正式沟通适用于处理与任务有关的问题，并倾向于遵守组织的权力链。当管理人员给某个员工下达指示，向本部门的工作团队提供建议，或者下属向管理者建议，在某一项目上同其他管理人员相互作用，对上司提出的要求做出回应时，进行的是正式沟通。正式沟通具体可通过讲话、开会、书面材料、电子媒体和口头行为进行。非正式沟通可按各种方式进行，跨越权力级别，在满足社会需求的同时完成任务。

（一）口头沟通

即利用口语面对面地进行沟通。口语沟通需要沟通者具有知识丰富、自信、发音清晰、语调和善、有诚意、逻辑性强、有同情心、心态开放、诚实、仪表好、幽默、机智、友善等有效沟通的特质。

（二）书面沟通

如果信息具有长期影响，或者非常复杂，要使信息正式化，就需要用书面形式来传达。比如，引进一项新的部门程序应该用书面形式来传达，这样员工就有了可供参考的书面记录。

为了使员工理解绩效评估，提供书面总结也是一种好方法，因为它有助于减少误解，建立对所讨论问题的正式记录。部门报告含有很多细节性的数字和事实，且内容比较复杂，所以最好用书面形式传达。

书面沟通的原则如图7-3所示。

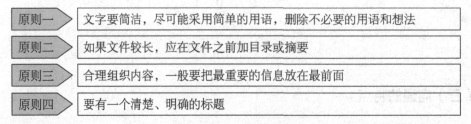

图7-3 书面沟通的原则

（三）电子沟通

计算机、网络和数字化极大地增加了主管人员的沟通选择。现在，你可以依赖大量的电子媒体进行沟通，包括电子邮件、聊天软件、视频会议等。电子沟通可以让你对远在外地工作的员工进行管理，参加电子会议，和供应商、客户在网上进行沟通。

（四）非语言沟通

非语言沟通是相对于语言沟通而言的，是指通过身体动作、体态、语气语调、空间距离等方式交流信息、进行沟通的过程。在沟通中，很大一部分信息往往通过语言来表达，而非语言则作为提供解释内容的框架，也可以传达或解释一部分信息。因此，非语言沟通在一定程度上确实起到了辅助或支持作用。

（五）小道消息

大部分组织都有各种各样的小道消息。有研究发现，小道消息是沟通的一种方式，通过它，基层员工可以在第一时间知道组织领导者推选的重大变革。在主管、正式文件和其他正式资料到达之前，员工就能做出评估。

小道消息无法永远被消除，因此，主管人员应该好好利用它。如果只有很少一部分员工传播消息，你就可以分析并预测它的流向（见图7-4），特定的信息很可能按照预

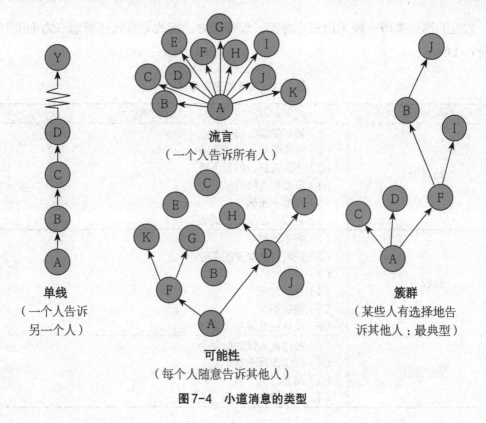

图7-4 小道消息的类型

计的模型传播。你甚至可以利用那些活跃于小道消息并向善于发现、值得传播的信息的关键成员散布信息,这样你就可以用非正式的小道消息向某些特定的个人传达信息。

三、有效沟通的障碍

有人为不善辞令、不会表达而烦恼,因此常常会发生沟通不好的情况;但健谈的人未必就是沟通高手。如果一个人只会喋喋不休,那么易引起别人的反感,沟通就会有障碍;而不善表达者如果抓住了重点,掌握一些技巧,沟通也会出奇制胜。人与人之间有效沟通存在障碍表现在信息源未能有效反馈给信息接收人,如图7-5所示。

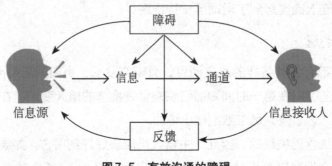

图7-5 有效沟通的障碍

常见的沟通障碍一般来自三个方面,即传送方、接收方及传送管道三方面的问题,如表7-1所示。

表7-1 沟通的主要障碍

障碍来源	主要障碍
传送方	(1)用词错误,词不达意 (2)咬文嚼字,过于啰唆 (3)不善言辞,口齿不清 (4)只要别人听自己的 (5)态度不正确 (6)对接收方反应不灵敏
接收方	(1)听不清楚 (2)只听自己喜欢的部分 (3)偏见 (4)光环效应 (5)情绪不佳 (6)没有注意言外之意
传送管道	(1)经过他人传递而误会 (2)环境选择不当 (3)沟通时机不当 (4)有人破坏、挑衅

有效沟通是提高企业管理组织运行效率的一个重要环节。实现管理沟通规范化，就是通过把一种高效、科学的沟通技巧和方法作为一种管理人员的具体管理行为规范确立下来，让每个管理人员都遵照执行。

四、特殊的沟通技能——倾听

在沟通时，除了正确表达我们的意见、想法和诉求，更重要的是沟通心态，要能够站在对方的角度思考，拉近沟通双方的思想距离，通过有智慧的引导甚至妥协达成沟通的目的。这种换位思考的沟通方式主要表现在倾听和共情上。善于倾听是能够让一次沟通变得完整、有效的重要方法。

（一）什么是倾听

倾听不是沟通以外的一种技能，而是属于有效沟通的重要组成部分。倾听能够更加顺畅地达成思想一致、建立感情和培养信任。狭义的倾听是指听到对方传达的内容，进而能够理解对方的想法。广义的倾听则是指能够以更加开放的心态听到对方的诉求和心声，广义的倾听不是简单地用耳朵去听别人说什么，而是一种听到他人心灵和心声的沟通艺术。

一般形式的听，听到的是表面的声音和信息，无法听到对方的心声以及对方隐含的情绪、信念和价值观。所以在沟通过程中，需要用耐心、热情和智慧去听，从而了解更加丰富的信息和诉求，增进对彼此的了解和认识，感受沟通的默契，体会沟通的乐趣，也让自己能和对方心灵与思想获得升华。所以，倾听需要全身心地感受和理解对方谈话内容中的表层信息和深层信息，理解对方的真正诉求，甚至了解对方潜意识深处的价值判断。这就是倾听和一般形式的听的显著区别，两者在内容和程度上存在天壤之别。

（二）倾听的重要性

有相当一部分管理者自欺欺人地认为，员工要绝对听取他们的意见。一些经理人经常会说这样的话："我说了这么多，你们觉得我的观点怎么样？"这个时候，可能没有几个人愿意回应他们的问话。

先听听自己的员工都在说什么，多听听他们的意见和建议，对管理者的管理工作相当重要。

为了提高工作效率，从现在起，建议你能看着员工的眼睛回应他们："能告诉我，你是怎么想的吗？"先这么说一句，然后仔细倾听，通常，你会看到以下三种情形发生。

（1）他们想的正是你想要对他们说的。既然他们就是这样想的，那么，他们就会以最有力的方式支持你和他们都共同拥有的想法。因此，效率就会提高。

（2）他们给你的是一个你从未想过的想法。即使你是老板，也不能保证你的想法最正确，你能在市场上赚更多钱。要想赚得更多，就继续倾听吧。

（3）他们的想法根本不可行，原因是他们可能不知道。这时，你的工作就是解释为什么他们的想法行不通。

（三）倾听的技巧

只有认真听取下属的意见，你才能很快建立一支具有高效能的队伍，并且，这样的高效能是持久的。然而，在倾听的过程中，你也要掌握一定的技巧，如图7-6所示。

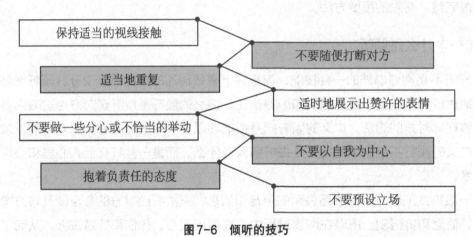

图7-6 倾听的技巧

1.保持适当的视线接触

在倾听时要保持适当的视线接触，目光对视是对别人的基本尊重。有的人在说话的时候喜欢看着没人的地方，虽然他的本意上并没有轻视对方，但会让对方感觉很不舒服。别人说话时，你不仅要用耳朵倾听，更要用目光注视，这样才能鼓励别人敞开心扉，才能说出打动对方的话语。

2.不要随便打断对方

在倾听的过程中，注意不要随便打断对方，你应该让对方将自己想表达的意思说完整，之后再表达自己的想法。如果别人说一句话，甚至一句话未说完，你就开始讲述自己的观点，这就已经不是倾听，而是讨论甚至是争论了。

美国知名主持人林克莱特有一天访问一名小朋友："你长大后想当什么呀？"小朋友天真地回答："嗯，我要当飞机驾驶员！"林克莱特接着问："如果有一天，你的飞机飞到太平洋上空，所有引擎都熄火了，你会怎么办？"小朋友想了想说："我会先告诉坐在飞机上的人绑好安全带，然后我挂上我的降落伞先跳出去。"

旁边的人听了都哄然大笑。小朋友见此情景甚是委屈，眼眶里满是泪水。

于是林克莱特又问他："为什么要这么做呢？"小朋友真挚地说："我要去拿燃料，我还要回来！我还要回来！"

这一答案也许出乎许多人的意料，很多人也许会为刚才的失礼而感到羞愧。如果在交流时不注意倾听，结果就会产生误会甚至曲解。所以，在办公室里，听同事说话时应该做到：听话不要只听一半，不要把自己的意思投射到别人所说的话里面。

3.适当地重复

听别人说话时，听完之后最好将对方所说的话进行简单的概括，并且复述给对方听，以表明你在用心听别人说话，而且还在和他一起思考，这样做会让他感觉找到了知音，找到了一种共鸣。概括对方说话的内容并且简要复述的目的是确认对方的想法，并非否定对方。复述时你应该尽量避免出现太多否定词，不管别人的观点是否合乎情理。

4.适时地展示出赞许的表情

在职场交流沟通时不仅需要听对方谈话，有时还要根据对方讲话的内容适时表达自己的赞许，如果在对方讲话时不能打断对方，通过面部表情传达信息就很重要。在倾听对方谈话时适当展示出赞许的表情不仅能表现自己的观点，还能鼓励对方说下去，这样更有利于职场沟通的进行。

5.不要做一些分心或不恰当的举动

在职场与人沟通时要全身心地投入，特别是进行一些重大的谈判时，不要做一些分心或者不恰当的举动。在交流时分心或者做出不恰当的举动，不仅会影响对方说话，还会直接影响自己的职业形象和职业素养。

6.不要以自我为中心

在良好的沟通要素中，话语占7%，音调占38%，而剩下的55%则完全是非语言信息。通常，人们在沟通时会在不知不觉中被自己的想法缠住，而漏失别人透露的语言和非语言信息。所以，在沟通时千万不要以自我为中心，让自己成为有效倾听的最大障碍。

7.抱着负责任的态度

负责任的态度能增加你与他人对话成功的机会。参加任何会议前，都要妥善准备，准时出席，不要随意退席或离席，而且要集中注意力。你是否有过和别人说话，而对方心不在焉的经历？这时，你不要坐立不安、抖动或看表。如果你能决定会议的场地，选一个不会被干扰、噪声少的地方；如果在你的办公室，离开有权威障碍、妨碍沟通的办公桌，站或坐在你的谈话对象的身旁，这样会让对方觉得你确实有诚意听他们说话。

8.不要预设立场

如果你一开始就认定对方很无趣，你就会不断从对话中设法验证你的观点，结果你所听到的都会是无趣的。

沟通，就是人与人的思想和感情的传递与反馈的过程；倾听，就是了解下属心理的过程，是为了更好地沟通。管理者要做好沟通工作，就要善于倾听，不善于倾听的管理者很难了解下属的心声。倾听，一是能认真倾听下属的心声，满足下属被尊重的心理；二是弄明白下属的意思，让管理者掌握工作的进展与下属的心理状态。先倾听再沟通，管理者会抓住下属的要害；不倾听就直接沟通，就会导致沟通障碍。

> **创业启示**
>
> 　　心理学研究表明，人在内心深处都有一种渴望得到别人尊重的愿望。倾听是一项技巧，是一种修养，甚至是一门艺术。学会倾听应该成为每个渴望事业有成的人的一种责任、一种追求、一种职业自觉。倾听也是管理人员必不可缺的素质之一！

五、沟通中的反馈技巧

反馈分为正面反馈和负面反馈。正面反馈通常会很顺利，也会受到欢迎，负面反馈则大不相同。和大部分人一样，管理者也不喜欢传递糟糕的消息，他们害怕下属的抵触情绪却又必须处理这种情绪，结果导致大家常常习惯避免、推迟或歪曲负面反馈。

（一）正面反馈和负面反馈的差异

正面反馈比负面反馈更容易接受，负面反馈常常遭到抵制。为什么？从表面上看是因为人们喜欢听到好消息而不喜欢听到坏消息，正面反馈刚好符合了人们喜欢听到好消息并有自信能达到好结果的心理。

那么，这是不是意味着你应该避免负面反馈？不是！

你应该注意到这些潜在的抵制性，学着去选择最容易接受负面反馈的环境来实施这种反馈。也就是说，当负面反馈是由一些硬数据（数字、特殊的例子等）来证明时，你就应该实施这样的负面反馈。

（二）如何给予有效的反馈

要给予有效的反馈，必须做到如图7-7所示的六点。

1.针对特定的行为

反馈应该是特定的，而不是全面的。要避免说"你态度不好"或"我对你所做的好工作留下了很深的印象"等这类话，因为这些话的反馈信息含混不清，它们并未告诉接收者如何改进"不好的态度"，也没有说出你是根据什么来判断对方做了"好工作"，以至于听者就不知道应该继续坚持哪些行为。

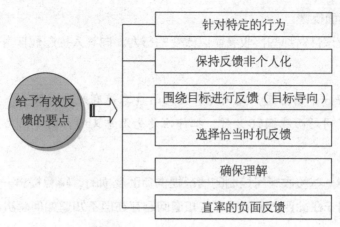

图 7-7　给予有效反馈的要点

2.保持反馈非个人化

反馈，尤其是负面反馈，应该是描述性的，而不是判断性和评估性的。不管你多么生气，都应该让反馈针对特定的、与工作有关的行为，不要因为某人的一些不适宜行为而进行人身攻击，一味批评会带来反面效果，引发一些负面情绪。当你批评下属时，记住要围绕与工作有关的行为，而不是针对个人。

3.围绕目标进行反馈（目标导向）

不要为了"摆脱或推卸"责任而进行负面反馈。如果你必须做一些负面反馈，确信它是直接针对接收者的有特定目标的反馈，自问负面反馈是为了帮助谁或针对某个问题。如果主要是出于个人原因，如"我总算说出了憋在心里的话"，那么请不要发言，这种反馈会降低可信度，削弱反馈的意义和作用。

4.选择恰当时机反馈

当反馈指向的行为和接受反馈的时间相隔很短时，反馈更有意义。

比如，对于一个出了差错的新员工，如果在出错之后立即提出或者在当天下班前提出建议，他会更愿意接受意见，改正差错；如果是在六个月以后的绩效评估中提出，则效果大不如前。

当然，如果你没有充足的信息或者你因为其他事情而心情不好时，仅仅为了"快速"地提供反馈，接收者很可能会反驳你。在这种情况下，"恰当时机"的意思就是"推迟一些时候"。

5.确保理解

你的反馈足够细致、完整，且能使接收者完全清楚地理解吗？记住，每一次成功的沟通都需要传递、理解意思。要想反馈有效，你得让接收者理解反馈内容。同倾听一样，你可以让接收者复述反馈内容，以确定他是否领会了你所想表达的意思。

6.直率的负面反馈

负面反馈应该针对那些接收者可以改变的行为。向某人提起他自身无法控制的缺点没有什么价值。

比如，批评一个因为忘了定闹钟而迟到的员工是有效的；但一个员工某天因必须搭乘的地铁出了问题而耽搁50分钟，批评他是毫无意义的，因为他无力改变所发生的一切。

而且，在对一些接收者可控制的情况提供负面反馈时，特意提出一些改进建议可能会更好，这适用于在批评之余指导那些知道问题存在但不知道如何解决问题的员工。

创业分享

如何与下属沟通

1.控制情绪，理智沟通

情绪管理是管理人员最基本的能力和素质。遇到下属工作粗心、违规操作等问题，管理人员切忌采用呵斥、怒骂、责备等不理智的方法来解决，这样只会激化矛盾，不能真正解决问题。沟通以解决问题为目的，管理人员遇事应冷静、理智，心平气和地采用下属能够接受和理解的方式进行沟通。

2.平等对待下属

有句话说得很对："伟大来源于对待小人物上。"尊重你的下属，实际上获得的是你威望的不断增加。

管理人员与下属之间的区别只有职位的高低、权力的大小，没有人格上的高低之分。管理人员只有放下"官架子"，尊重下属，平等沟通，才能真正走进下属心里，被下属接纳。否则，下属表面上可能听命于管理人员，实际上却对管理人员避而远之。

某车间各个岗位很分散，专业性都很强，除了本岗位，想要弄懂其他岗位很难。车间主管王某勇敢地去面对这个头痛问题，经常和班组成员在一起沟通，探讨生产上如何协调、在工作上如何配合等。尤其是在车间搞成本核算考核以后，王某经常和班组成员共同研究如何才能节能降耗，使班组效益达到最大化。他经常把成本核算结果拿给班组里的每一个成员看，让组员和别的班组比较，提高他们的成本意识。

由于找到了差距，组员们充分认识到，节能降耗不是一个人所能完成的，每个人都要主动地进行生产调整，降低消耗。各个岗位都主动配合，并且紧密地团结在一起，努力争第一，形成了一种凝聚力。有了这种凝聚力，班组各项工作的开展就更加顺畅。

3. 多激励，少批评

每个人的内心都有自己渴望的"评价"，希望别人能了解他，并给予赞美。身为领导者，应适时地给予鼓励、慰勉，认可、褒扬下属的某些能力。当下属不能愉快地接受某项工作任务之时，领导如果说"我知道你很忙，抽不开身，但思前想后，觉得你才是最佳人选。这事只有你能解决，我对其他人没有信心"。这样一来，对方无法拒绝，能巧妙地使对方接受。

这一劝说技巧主要针对对方某些固有的优点给予适度的褒奖，使对方得到心理上的满足，并在较为愉快的情绪中接受工作任务。对于下级工作中出现的不足或者失误，管理人员特别要注意，不要直言训斥，而要同你的下级共同分析失误的根本原因，找出改进的方法和措施，并鼓励他一定会做得很好。要知道斥责会使下属产生逆反心理，而且很难平复，以致给以后的工作埋下隐患。

积极的激励和消极的斥责，对于下属的影响会是两种不同的结果，更重要的是对员工心理的影响，这是在事后很难弥补的。

4. 换位思考，坦诚沟通

不同的人所处的位置不一样，思考的方式也不一样，因此，管理人员与下属之间的冲突也往往不可避免。管理人员应尽可能地站在下属的立场上，设身处地地为其着想，这样才能更好地理解下属的想法和做法，才能找到沟通的融合点。

杨某是工厂某班组新晋管理人员，按照年龄来说，他在班组里年纪最小，其他组员工龄都比杨某长，因此，杨某刚开始遭到了一些组员的排挤。一日，杨某让一名组员去车间办公室把劳保用品取来，连续说了三遍，这名组员都没有动。到第四遍时，杨某非常气愤，以生硬的语气质问道："你是拿还是不拿啊？"虽然后来这名组员把东西取来了，但他显然非常不情愿。

通过这件事，杨某的感触很多。他想到，如果自己被资历浅的人叫去干活，心里也肯定有所不悦，所以和自己的组员沟通要注意语气和方法。在以后的工作中，杨某身体力行，尽可能站在组员的角度去考虑问题，和组员经常沟通，遇到事情让大家一起想解决办法，思想统一后再共同实施。从此，组员不用杨某监督便主动完成该班组的日常工作。

5. 主动关心，用心沟通

"沟通从心开始"，对于团队管理人员来说，尤其应该注意以诚心、真心来处理与下属的关系。团队凝聚力建设和士气管理可以说是团队管理的重点，只有把团队成员团结起来，大家拧成一股绳，才能完成艰巨的任务，克服各种困难。要处理好自己与团队成员之间的关系，首先要尊重、信任、理解他们，关心他们的工作及生活，力所能及地帮助他们解决遇到的困难。

某班有一位老师傅在工作中不小心把脚崴伤了，在家休了一段时间病假。管理人员利用周末时间登门看望，老师傅深受感动，上班后不仅尽自己最大的努力去工作，还全力支持这位管理人员的工作。

所以，学会细致、真诚地对待班组成员，更有利于班组工作的开展。

第八章 人才培养

优秀的人才不是天生的，而是企业有目的、有计划培养的结果。一套有效的人才能力管理计划能够帮助企业建立起一支训练有素、熟悉企业文化与流程的人才梯队，提升企业的品牌影响力，并大大增强企业在人才市场中的竞争力。

一、识别员工的能力

能力是人们顺利完成某种活动所必需的心理特征和综合条件，一般指人们的本领、才能或才干等。能力与人们完成活动的效率高度相关，表现为完成活动任务、学习知识技能等方面的速度与效能。

能力可以分为一般能力和特殊能力，如图8-1所示。

图 8-1 一般能力和特殊能力

由于先天遗传条件及后天教育与成长环境的差异，造成人与人之间在能力上存在着明显的差异，使得不同的员工在其综合能力方面，有着一定的比较优势和劣势。所以在企业管理和团队管理中，要注意识别和区分管理员工的能力，使其能够发挥优势、减少劣势，成为一个高效能的团队分子。

企业领导可以把手下的员工按图8-2所示的两个尺度分类。

```
尺度一  工作态度和工作热情
        ┌─────────────────────────────────────┐
        │ 工作态度和工作热情体现在对领导者不要完全把工作热情与善于表现画 │
        │ 等号。有些人勤勤恳恳、踏踏实实地做自己的工作也是一种对工作有高 │
        │ 度热情的表现                          │
        └─────────────────────────────────────┘

尺度二  工作能力
        ┌─────────────────────────────────────┐
        │ 工作能力包括的范围非常广泛，比如，分析和解决问题的能力，与 │
        │ 别人沟通和表达能力，自我管理与管理他人的能力，技术分析和专 │
        │ 业能力等                             │
        └─────────────────────────────────────┘
```

图8-2 区分员工能力的尺度

企业领导要根据自己公司的实际情况来决定哪些能力对自己企业是至关重要的，可以在员工工作态度端正的基础上，按照工作热情和工作能力这两个尺度，把现有的工作人员分为图8-3所示的四类。

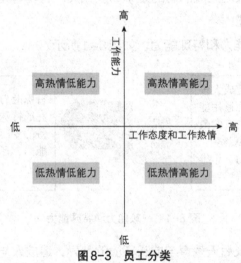

图8-3 员工分类

创业启示

企业领导在做这类分析时，一定要注意一点，严格地按标准来划分，一定要排除自己的主客观意识对自己喜欢或厌恶的人不客观的划分。

（一）识别和管理高热情低能力的人

这类人多数是年轻人或是刚刚加入公司的新人。作为领导，要充分肯定他们的工作热情和态度，因为具备这一点已是难能可贵的。企业领导在肯定他们长处的同时，要明确地让他们认识到工作能力的不足，并对他们提出具体要求。

比如，提高工作能力的具体要求，对于这一点，管理者要让这类人明确认识到提高工作能力的必要性，这是需要充分发挥自己主观能动性的。如果能够让他们把对于工作的热情态度充分发挥到提高他们的工作能力上，那是最为理想的。

（二）识别和管理低热情高能力的人

这类人对自己的职位或是长期的发展没有明确的目标。对于一个公司来说，这类人是一种价值很高的财富——他们很聪明，有较高的技能，且公司对他们的投资少（不需要很多培训）、见效快（不断的激励和鞭策足矣）。由此可见，这种人最需要的是激励和鞭策。让他们认识到自己在公司的发展前景和自己的贡献对于公司的重要性。企业领导一方面要对他们的能力给予肯定和信任，另一方面要对他们提出具体的期望和要求。同时，在报酬上给予一定的刺激也是必要的，并注意时时沟通。

（三）识别和管理低热情低能力的人

改变这类人的工作态度，以及提高他们的工作热情是首要的。如果他们的态度改变了，无论工作能力如何，总是可以把他们安排到适当的工作岗位上。

如果态度和热情有很大改观，那么，小规模的工作能力培训可以适当地同步进行。若这类人的工作态度和工作热情没有任何改变，则没有必要浪费时间和金钱。

（四）识别和管理高热情高能力的人

对于这类人而言，企业领导只需要做出最重要的一点，即给这些人权力，赋予他们很重大的责任就足够了。

这类人通常态度端正、热情高，他们对于自己在公司发展的前景比较满意，所以对他们的鞭策一定要有限，否则会适得其反。他们的工作能力也是比较高的，所以在培训上的投资是不必要的。给他们下放权力，让他们负担一定的工作，让他们有使命感和责任感是至关重要的。

这种类型的杰出人才越多，企业领导被烦琐的企业运行细节所禁锢的枷锁就会越来越少，才能抽身去考虑公司发展前景的重要事宜，这样的企业才会逐步走向成功。

二、建立企业接班人计划

对员工的培养与管理，关键是要建立一套企业接班人计划。该计划是每个企业战略计划中不可分割的重要组成部分，是企业基业长青的根本保证。所谓企业接班人计划，是指企业通过确定、评价关键岗位的高潜能内部人才，对其进行系统培养，以便为企业未来的组织战略和管理发展提供人力资本方面的储备和保障。

企业接班人计划的主要任务是为企业储备未来的管理人员，该计划关注组织经验的延续和继任人员未来的发展，是企业长治久安的保证，对企业的现状及未来发展意义重大。企业接班人计划依据管理方式和管理重点的不同，可以分为领导人员接班人计划和管理人员接班人计划，如图8-4所示。

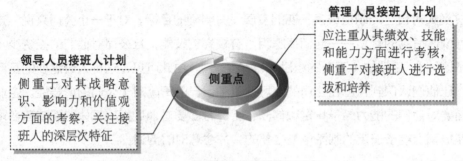

图8-4　企业接班人计划的侧重点

> **创业启示**
>
> 　　企业要想成为"百年老店"，除了需要注重培养高层管理岗位的接班人，还需要系统地培育一大批招之能战、战而能胜的中基层管理岗位的接班人。

三、制定人才选拔的标准

每个人都各有所长，都有优点和特长，但也有缺点和不足。因此，只有把合适的人放在合适的岗位上，才能让工作顺利开展，提高效率。

孙悟空闹地府、闹龙宫，玉皇大帝要发兵征讨，是太白金星替悟空说情，建议将悟空招安，封悟空为管理御马的弼马温，并亲自到花果山成功招安孙悟空；孙悟空二返天宫时，又是太白金星出面，封悟空为齐天大圣，怕他闹事，又让他管理蟠桃园。后来，在唐僧师徒西天取经的路上，太白金星也多次暗中帮助师徒四人，如战胜黄风怪、扫荡狮驼洞等。所以孙悟空对许多神仙包括玉帝、如来都非常不敬，却对太白金星很客气。

太白金星两次招安，很好地说明了人才的选拔使用问题。如果用人不当或大材小用，就会引起下属的不满，从而影响到工作的效率，严重的还会产生激烈的矛盾。因此，人才使用和提拔应该做到人尽其才，量才使用。

团队管理者可从以下两个方面来制定人才选拔的标准。

（一）确定关键岗位及其任职资格体系

关键岗位是人才计划管理的重点环节。管理人员可以召开中高级管理人员会议，讨论确定企业中的关键岗位，做好关键岗位描述，定义好岗位职责，尤其应根据可以预见的商业和技术变化确定未来的职责和任职资格体系，包括详细的能力标准、工作经验、行业经验等。

（二）制定岗位胜任评价标准

管理人员胜任力是预测和评价人才是否胜任未来岗位工作需求的主要标准。胜任力是能将某一工作中表现优异者与表现平平者区分开来的个人的、潜在的、深层次特征，可以作为企业选人、育人、用人、留人的标准。基于胜任力的人才计划的目的在于找出重要职位的胜任标准，评估有多少人在更高层级的目标职位上具有胜任潜力，并掌握可能的职位或人选匹配，然后教给他们特定岗位所需的知识和技能，使其成为合格的人才。

可见，岗位任职资格体系和胜任力评价标准，构成了一套完整、公平的评价基准，可以以此阶段性地考核候选人才的品质与能力，评估这些人才是否真正具有一个优秀管理者的素质。

四、选拔优秀的人才

360度的人才评估体系是评估候选人才的全面方法。该体系的主要选拔评估工具如图8-5所示。

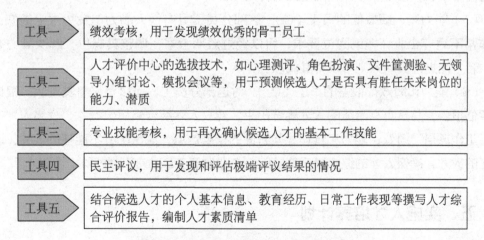

图8-5　360度人才评估体系的评估工具

在对人才的选拔上，应主要关注能力（指向未来）和绩效（指向现在）两个维度的表现，并制作如图8-6所示的人才特征分布图。

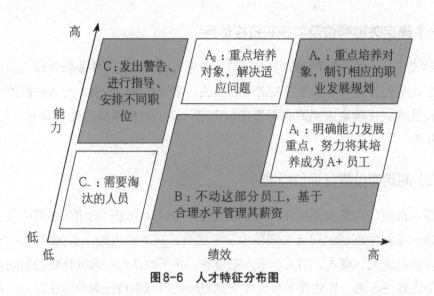

图8-6 人才特征分布图

从图8-6中可见六种类型员工及不同的管理方式。

（1）能力和绩效都优秀的员工（A+）。这部分员工适应企业文化，能力得到充分发挥，应作为人才计划的重点培养对象。

（2）能力中等、绩效优秀的员工（A_1）。这部分员工对企业的事业尽心竭力，是员工中的中坚力量，应发掘其潜力，制定能力发展重点，使其发展成为A+员工。

（3）能力优秀、绩效中等的员工（A_2）。也可以将这部分员工作为重点培养对象，解决其对组织环境适应的问题，充分发挥其潜力，使其向A+员工发展。

（4）能力较低、绩效较高或中等，以及能力和绩效都为中等的员工（B）。这部分员工潜力一般，不是人才计划的重点培养对象。

（5）能力高、绩效低的员工（C）。这部分员工具有很大潜力但发挥水平很低，可能非常不适应企业环境或岗位要求，可以经过短期考察，调整其岗位，解决其心态问题，若不能提升其绩效则可以将其淘汰。

（6）能力和绩效都很差的员工（C_-）。对这部分员工，可以直接将其淘汰。根据人才评估报告，将具有高潜能的人才挑选出来，建立人才综合素质数据库，收集人才在性格、工作风格、绩效、能力和管理经验方面的重要信息，淘汰部分不胜任的人才，增补胜任的人才，确保人才的综合素质能够跟上企业发展和职位变化的要求。

五、实施人才培养计划

企业人才管理计划的最终目标是保证组织在适当的时候能为空缺职位找到合适的人选。所以，在人才计划的实施阶段，应主要关注职位空缺的需求及人才的发展状况。企业人才的培养计划应与企业的整体经营战略和胜任力标准紧密结合，并基于以下四个步骤实施。

（1）设计人才开发方案，为企业人才量身定做职业生涯发展规划。识别出关键岗位的人才后，再根据人才的综合素质评价情况，与将要继任的关键岗位的职责体系、胜任力标准进行匹配，设计出针对人才的培养开发方案，并在实际开发过程中不断进行反馈和优化。

（2）通过一系列正式的领导力和胜任力培训项目，改进未来岗位上的工作模式，提升人才在未来职位上的胜任力。对关键技能的角色扮演是最好的提高行为实践能力的方法，可以有效对后继人才进行角色式演练。聂雪林结合McClelland的动机获得理论，提出了一个胜任力培养策略，包括认知、了解、自我评估、技巧练习、工作应用和后继支援等六个阶段，如图8-7所示。

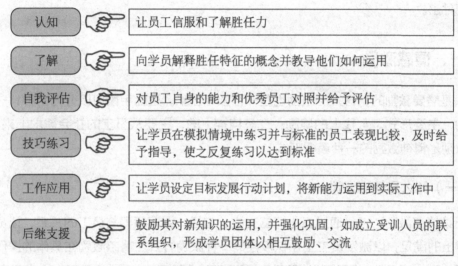

图8-7 人才胜任力培养策略

（3）为人才分配具有挑战性的关键任务，或让其扮演管理岗位角色，通过理论和实践的双重锻炼，使真正优秀的储备人才脱颖而出。成功的人才计划依赖领导层积极有效地帮助人才提升能力的，并为他们提供额外的指导，弥补技能和经验的不足。在这个阶段中，领导层应经常与这些人才接触，使其对企业文化、经营战略和目标有更深入的了解，并对其进行重点训练、辅导和培养，使其管理才能得到迅速提升。

（4）定期审视整套人才计划，检验人才胜任目标岗位的效果和质量，不断改善人才评估方式、培养方式和管理方式，结合企业实际需要，持续培养出高素质的人才。

企业人才计划的成功，不仅取决于对领导人才的培养和选拔，更要真正形成有效的人才制度，建立起从低层到高层的完备的人才培养体制，把人才计划作为一项持之以恒的长线作业，源源不断地再造管理者，然后做到好中择优，优中选杰出。这样才能真正选拔、培养出优秀的人才，打造从低层到高层连续不断的、有序培养的后备人才链，实现各层级管理人员的平稳更替，确保企业基业长青。

第九章　团队激励

在带领团队的过程中，员工激励是必不可少的。如果领导者带领团队时，缺乏合理有效的激励措施，那么在长期的工作中，员工必然会感到厌倦，逐渐变得缺乏动力、逃避工作，这会严重阻碍企业的发展。如果领导者能够采用正确的激励方式，适时激励员工，就可以让员工长期保持良好的工作状态，在日常工作时更加积极努力，心甘情愿地为公司付出。

一、情感激励

人是需要激励的，对人的激励也是一种领导艺术。激励手段可以分为两种：一是物质上的，主要形式是金钱上的奖励；二是精神上的，主要从员工的社会需求上来激励。情感激励是精神激励的一种重要形式。

（一）什么是情感激励

所谓情感激励，就是通过强化情感交流、沟通，协调领导与员工的关系，让员工获得情感上的满足，以激发员工工作积极性的一种激励方式。情感激励在具体的操作过程中可谓"因企而异"，领导可以通过加大和员工之间的对话，提高员工在企业管理过程中的参与程度等来完成这个项目。

情感激励既不是以物质利益为诱导，也不是以精神理想为刺激，而是领导者与被领导者之间以感情联系为手段的激励方式。每一个人都需要关怀与体贴，一句亲切的问候、一番安慰的话语，都可成为激励人们行为的动力。

（二）情感激励的作用

情感激励是一种领导艺术，被应用得当能够增强团队凝聚力。在员工遇到困难时，适时地给予精神鼓励和物质帮助、经常与员工谈心、加强思想沟通、消除隔阂、组织集体活动、送生日礼物、生病探望等，这些都会让职工感受到一种"家庭式"的关怀，从而增强对公司团队的信任和忠诚度。

××有限公司是××市连续多年的金牌企业，长期以来，他们每年奖励员工的孩子"××宝宝"的称号，对于员工的孩子中考上大学、评上"三好学生"等成绩突出者也给予奖励。这个一举多得的制度的推行,得到了广大员工和孩子们的欢迎,孩子们以被评为"××宝宝"为荣,员工们则把拥有"××宝宝"这份荣耀化为工作的动力,两代人就这样你追我赶,不断激发出学习、工作的热情。

由此可见,情感激励是一种有效的企业管理方法,能直接影响员工的价值取向和工作态度,使员工形成对企业的归属感、认同感。这样,员工就可以进一步满足自尊,被激发出积极性和创造性。

(三)情感激励的方式

情感激励主要是培养激励对象的积极情感,其方式很多,如沟通思想、排忧解难、家访慰问、交往娱乐、批评帮助、共同劳动、民主协商等。只要领导者真正关心、体贴、尊重、爱护被激励对象,通过感情交流充分体现出"人情味",被激励对象就会把领导者的真挚情感化作自愿接受领导的自觉行动。

情感需要是人的最基本的精神需要,因此,企业的管理层就要舍得情感投资,重视人际沟通,建立情感联系,增强员工和管理层在情感上的融洽度。一旦情感联系确立,员工就会快速高效、保质保量地完成生产任务。作为情感上对企业的回报,有的员工甚至能不去计较工资、奖金等物质因素而尽快完成任务。

因此,企业的管理者应该找准员工的情感激励的需要,将满足员工需要的情感激励措施与企业发展目标有效地结合起来,以激发员工奉献于岗位的积极性,为企业创造更多的经济效益。

(四)情感激励的技巧

情感激励就是加强与员工的感情沟通,尊重员工,使员工始终保持良好的情绪以激发他们的工作热情。团队领导若能懂得其中奥妙,并不失时机地对团队中的成员及其家人给予关怀,对他们做感情投资,往往能够起到事半功倍的激励效果。

有些团队的领导不屑于对团队的成员进行情感投资,认为成员这么多,如果对每一个人都投入感情,哪里还有时间抓管理?殊不知,对自己的队员进行情感投资也是一种管理,一种更加人性化的管理。一个人性化的上司更能得到员工的拥护。

要知道,升职加薪固然惹人爱,但其作用毕竟是有限的,只有进行卓有成效的情感投资,才能用最小的代价换取更多的人心。当然,这需要掌握一定的技巧,具体如图9-1所示。

1.适时鼓励员工

作为管理者,当下属顺利完成工作、取得较大成绩时,表扬下属几句,表示出对他的肯定和认可,并鼓励他以后好好干,势必会收到意想不到的激励效果。反之,从来

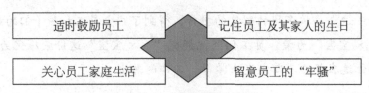

图9-1 情感激励的技巧

不去注意他们，或者将他们的功劳据为己有，都会使员工的工作激情逐渐消失殆尽。同时，当下属提出创意、勇于表达出自己的不同意见时，无论他的看法是否正确、是否可行，都应该对其具有的勇气和精神表示认同，给予鼓励。要知道，在大多数情况下，下属对上司的要求其实并不高。管理者只要适当地给他们一些鼓励，就会让他们感到自己的上司是有感情的，从而能够满怀激情地去工作。

2.关心员工家庭生活

当下属在工作或家庭生活中碰到困难时，管理者应该表示理解和支持，提供解决的办法或者必要的帮助，这样才能充分鼓舞下属的士气，使其更加努力地工作。一句"你母亲身体好吗""你孩子今年多大了"，都会让下属倍感温暖。

广东有家电子公司的销售经理注意到自己手下的员工大部分都是单身汉或家在外地，没有条件在家吃饭。为了解决员工吃饭的困难，销售经理向公司总部申请，为员工办了一个小食堂。当员工们吃着公司小食堂里美味的饭菜时，由衷地感激上司的爱护和关心，工作干得更起劲了。

关心体贴下属的生活，使他们家庭和谐、幸福，生活无忧，无疑是使下属做好工作的前提和保障，更是情感激励的最真情的流露。

3.记住员工及其家人的生日

管理者可通过举办员工生日会了解员工的心，知道他们的所想所愿、追求和目标，以及他们的价值取向和面临的问题，这样能够让员工感受到管理者的关心，从而激发他们的热情和干劲。

松下幸之助曾经说过："最失败的上司，就是那种员工一看见他，像老鼠见到猫般没命地逃开的上司。"他每次看见特别辛苦的员工，都要亲自为他泡杯茶，说："太谢谢你了，你辛苦了，请喝杯茶吧！"作为管理者，只有获得员工的拥戴，才能调动他们的积极性，激发他们的无限潜能。

4.留意员工的"牢骚"

面对员工的"牢骚"，管理者不可置之不理，而应分析"牢骚"产生的原因，及时疏导，否则，员工的怨气将会积小成大，"牢骚"就会像瘟疫一样蔓延，影响整个团队士气，打击员工的积极性。要知道，"牢骚"并不可怕，关键是要找一个单独的环境，与发牢骚的员工做一对一的面谈，进行推心置腹的交谈。

当管理者这样做后会发现,员工发完牢骚,不仅像没事情发生过一样,一身轻松地离开,而且还会在心理上感谢管理者的关注和沟通。

> **创业启示**
>
> 以上四种方法对激励员工有着十分明显的作用。尽管它们看似"毛毛细雨",却能灌溉员工的心灵,促使下属像禾苗一样生机勃勃地茁壮成长。如果依然没有想象中的那么好,那很可能是作为主管的你对下属的情感投资还不够。此时,需要你重新审时度势。

二、尊重激励

尊重是一种最人性化、最有效的激励手段之一。以尊重、重视自己下属的方式来激励他们,其效果比物质上的激励要来得更持久、更有效。可以说,尊重是激励下属的法宝,其成本之低、成效之卓,是其他激励手段都难以企及的。

(一)什么是尊重激励

所谓尊重激励,是指管理者以平等的态度、人的感情,对待每一个被管理者,包括信任、尊重、支持三个互相联系的方面。如图9-2所示。

既是对人尊重的基础,也是对人尊重的表现。一个人受到别人的信任,本身就受到了一种激励。管理中的信任通常可表现为,让下属在一定的范围内自己决定工作方法、工作程序,给他们合理的自主权,让下属参与管理决策等

就是要尊重下属的人格、自尊心、自爱心,尊重他们的进取心、好胜心,尊重他们的独立性,尊重他们在缺点、弱点、错误中埋藏着的优点、长处和正确的闪光点。人人都需要尊重,人人都能从尊重中得到激励

主要是支持下属的创造性建议和日常工作。在管理中,"我指示你去做"和"我支持你去做"所产生的效果是不一样的。当下属出了差错时,管理者应给予的不是简单的批评,而是主动承担责任,同时指明方向,支持他改正差错;当下属有了困难,管理者应给予的不是熟视无睹,而是主动支持,为下属排忧解难,增加其安全感和信任感

图9-2 尊重激励包含的内容

(二)尊重激励的作用

作为一名管理者,千万不能小看尊重下属的激励作用,这是一种促使下属自发地高

速前进的助推器。管理者必须明白，下属之所以愿意努力工作，是想通过工作业绩得到他人的尊重，而不仅仅为了金钱；若得不到应有的尊重，员工就不会愉快地工作，当然就不可能提高工作效率。

惠普是世界一流的大公司，在惠普的许多经理看来，能够取得成功，靠的是"以人为本"的企业宗旨。惠普公司"以人为本"的宗旨主要体现为关心和重视员工、尊重员工的工作。惠普的创始人休利特和当了40年研制开发部主任的奥利弗都会经常到惠普公司的设计现场去，和普通员工交流意见，查看员工们的工作情况，以至于二人不再任职后，公司的职员们却都有一种感觉，好像休利特和奥利弗随时都会走到他们的工作台前，对他们的工作提出问题。在惠普公司，领导者总是同自己的下属打成一片，他们关心员工，鼓励员工，使员工们感到自己的工作成绩得到了承认，自己受到了重视，这些无不体现了公司对员工的重视和关心。员工获得了公司的体贴与爱护，做出的成绩得到了公司的肯定，他们也就工作得更加努力。

从惠普的例子我们看出，尊重和关心下属并认可他们的工作，能使他们得到鼓舞，得到满足，这有助于激励他们努力工作。

换言之，管理者如果能把下属当作与自己平等甚至是更值得尊重的人，那么这种尊重就会使他们产生一种由衷的自豪感，从而激发他们为团队拼命的工作热情。在管理者对下属表现出热情关怀的那一刻，下属就会感觉自己真正被领导所尊重，就不会把领导看成一个毫无感情的上级，而是把他看成朋友。为朋友做事往往要比接受上司命令做事积极、有效得多。

比如，东汉时期，刘邦被困巴蜀之时，筑台拜将，极大地满足了韩信的自尊心，终于在韩信的辅助下，杀出蜀中，取得天下。

在管理实践中，管理者如果不能够做到发自内心地尊重下属，就会常常使自己陷入尴尬的境地。如果管理者乐于在下属面前颐指气使，那么可以肯定地说，这个团队是留不住优秀的下属的，不愿走的人只会是一些无能之辈。更为严重的后果还不止这些，不尊重下属还将牵制团队的长久发展，阻碍企业的成功进程。

对于下属来说，他们在内心深处都有一种渴望得到领导重视、尊重的心理。在他们看来，在地位上的差异他们能够接受，但在感情上希望自己的贡献、价值能得到认可，这种认可的体现就是在团队中能得到别人的尊重，尤其是上级领导的尊重。一旦这种希望得到实现，他们的内心深处就会产生一种"不负使命"的责任感，工作意念和干劲儿就会被充分表现出来。

同时，管理者对下属的尊重也是赢得下属的尊重，并让下属认可其领导才能的前提。一旦下属对领导产生一种尊重和崇拜感，就会转化出一种强大的工作热情。

(三)尊重激励的要点

在团队管理过程中,有些管理者并没有从内心深处树立尊重下属的意识,他们口口声声称自己很尊重下属,实际上却流于表面,没有任何实际的行动。那么,管理者究竟怎样做才算是真正尊重下属呢?其要点如图9-3所示。

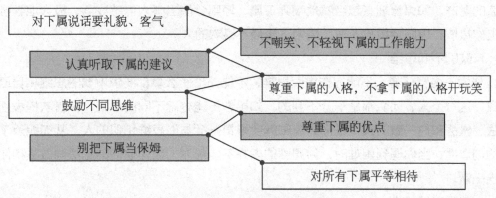

图9-3 尊重下属的要点

1. 对下属说话要礼貌、客气

每个人都希望得到别人的尊重,下属当然也不例外。当管理者将一项工作任务交给下属时,请不要用发号施令的语气命令下属如何做。如果下属出色地完成了工作,管理者不要吝啬一声"谢谢"。要知道,一句简单的"谢谢"就能让下属觉得得到丰厚的回报。

当然,尊重不能仅限于口头,或只凭一时高兴。管理者需要在正式场合和在非正式场合都给予下属适当的尊重。

2. 不嘲笑、不轻视下属的工作能力

如果下属在处理业务时出了问题,又不知道如何解决,管理者不应该嘲笑或轻视他们的能力,而应把这些下属召集起来,友好地对他们说:"来,让我们一起研究一下这个问题。"聪明的管理者"一起研究""一起想办法"的做法,会使下属感到自己对团队来说是重要的,使下属产生强烈的成就感。下属在这样的心理作用下,工作起来自然更加努力。

3. 认真听取下属的建议

管理者在听取下属建议时,要全神贯注,不能三心二意,并尽量在最短的时间内确定下属所表达的意思,要让下属觉得自己是被领导尊重和重视的。无论如何,都不要态度生硬地立即拒绝下属的建议,即使管理者觉得这个建议没有什么价值,在拒绝下属的建议时,也要将理由说清楚,措辞要委婉,并要感谢下属为团队着想。

4. 尊重下属的人格,不拿下属的人格开玩笑

人人都有被尊重的需要。管理者尊重下属的人格,往往会产生比金钱激励大得多的

激励效果。

比如，有一个企业改称门卫为"门神"，自从有了这个称谓，门卫工作得更出色了。

这样不需要成本的激励措施，尤其需要管理者注意运用。作为管理者，千万不要诋毁任何一名下属，也不要开一些有关下属人格的玩笑，因为尊重是一个人最重要、最有价值的财产。如果管理者想当然地嘲弄下属，轻则会使当事人倍感冷落，极大地影响他的工作热情；重则会树敌无数，成为下属最不喜欢的人。

5.鼓励不同思维

作为一名管理者，不能存在求同思维，不能无论什么事都要求下属的思维和自己的一致，这对个人、团队都是十分不利的。如果你不能容忍不同的思维，只喜欢提拔那些想法、做法和你一致的人，在你的周围就会聚集一批与你思维相似的人，从而扼杀了思维的创造性；当你遇到困难时，你周围的人并不能帮你，因为他们的想法与做法和你都如出一辙。

6.尊重下属的优点

没有人是十全十美的，每个人都有自己的优点和缺点。管理者如果想获得下属的尊重，想让下属认可你的管理才能，就得尊重下属的优点。重视这条准则，管理者将有效地避免陷入困难的境地。同时还要适当忽略下属的缺点，作为管理者，应该虚怀若谷、海纳百川，不对下属的小缺点斤斤计较，这样，在尊重下属的同时，也会获得下属的尊重。

7.别把下属当保姆

在日常工作中，有很多管理者随意使唤自己的下属，认为这样做是天经地义的。其实，这些人犯了一个大错误，扩大了下属的概念，将下属与保姆等同起来。下属心里会怎么想呢？他们心中肯定充满了不满的情绪，带着这样的情绪做事，他们又怎么能把工作做好呢？

8.对所有下属平等相待

管理者需要一视同仁地对待下属，不能被自己的个人好恶左右；不要在一个下属面前把他与另一名员工相比较；不要在分配任务和利益时有远近、亲疏之分。

总而言之，尊重下属是激励团队的一项重要举措。如果管理者不懂得尊重下属的领导艺术，只知道对下属颐指气使、发号施令，结果是不堪设想的。

三、榜样激励

无论是人类发展的历史还是今天，榜样作为一种精神价值载体，始终发挥着不可替代的作用。一个榜样就等于一面旗帜，起到巨大的激励作用。

（一）什么是榜样激励

榜样激励法是指管理者在实现目标中选择做法先进、成绩突出的个人或集体，加以肯定和表扬，同时要求大家学习，从而激发团体成员积极性的方法。

我们常说，榜样的力量是无穷的，榜样是一面旗帜，使人学有方向、赶有目标，起到巨大的激励作用。管理者在团体内选择的榜样，应该是成绩突出、品德高尚、作风正派的成员。

（二）榜样激励的作用

在杭州一家大型美容美发综合店里，一直有每个季度评一次"优秀员工"和"进步卓越员工"的传统。老板将这个传统坚持了两年多，收到了非常好的效果。

小纪是一名刚从美容美发学校毕业的学生，除了一些理论知识，可以说小纪没有任何销售的经验，在实操方面更是需要花时间跟美发店磨合。美发店里还有一位小唐，她在这家美发店工作了两年，除了有丰富的推销经验，各种技术也非常过硬。最近，美发店推出了"创意精剪+冰疗SPA"的项目，老板就把没有什么实际经验的小纪和经验非常丰富的小唐搭配在了一起。经过一段时间的磨合，这两人非常默契，在给顾客推荐项目的时候，小纪学到了很多经验，同时，小唐的技术也给小纪提供了一个学习的模板。

在这段时间里，"创意精剪+冰疗SPA"受到了顾客的欢迎，推广得非常好，也给美发店创造了可观的经济效益。在月底的总结会上，老板把小唐评为本季度的"优秀员工"，也把小纪评为"进步卓越员工"。同时，最让人欣喜的是，老板针对这一组合，专门设立了"最佳组合奖"，不仅给了他们精神奖励，同时也给了非常丰厚的奖金。

这个事件在美发店的员工里反响非常大。小唐、小纪的努力和成绩有目共睹，大家对于老板的奖励也看在眼里，这样一来，无形中形成了一种团结的、共同进步的良好氛围。

以上这个案例就是一个典型的"榜样激励"。我们再来看看这种榜样作用可以给整体员工带来什么样的影响，具体如图9-4所示。

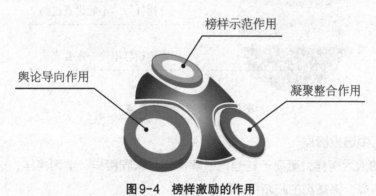

图9-4　榜样激励的作用

1. 榜样示范作用

最初，小唐、小纪这对组合是不被其他员工看好的，甚至小唐本人也不看好。但通过努力，他们以优异的成绩堵住了别人的嘴，也告诉其他人，相信自己的伙伴是一件非常重要的事情。

2. 凝聚整合作用

小唐、小纪这对典型人物，其理想、信念和追求具有现实的基础，易于为员工所认同和敬佩，产生的独特魅力使团队形成整体合力。

3. 舆论导向作用

在一个良好的团队环境中，典范人物的行为能控制舆论导向，起到引导员工言行、强化组织价值观的作用。

在企业中，树立什么样的人做榜样、鼓励什么样的行为，关系到企业的价值理念和企业文化的建设。一般来说，在某些方面有特点、有特长、有杰出表现的员工才能成为大家学习的榜样。

榜样的力量是无穷的，通过树立榜样，可以促进群体中每位成员的学习积极性。虽然这个办法有些陈旧，但实用性很强，一位优秀的榜样可以改善群体的工作风气。树立榜样的方法很多，有日榜、周榜、月榜、季榜、年榜，还可以设立单项榜样或综合榜样，如创新榜、总经理特别奖等。

（三）榜样激励的要点

在评判一个榜样时要有标准，要重视过程，而不能只看表面的行为。为了更好地发挥榜样的作用，在树立榜样时，管理者应注意如图9-5所示的四点。

图9-5 榜样激励的要点

1. 从员工中选拔榜样

以身边的人为榜样，更易于其他人了解榜样、认同榜样、学习榜样，这样可以有效地缩小心理距离，提高员工赶超榜样的积极性。

以员工身边的人和事为榜样，激励效果往往更明显，因为员工对他们的心理差距小，较为了解其成功的过程，容易产生赶超的信心。这些榜样可以是公司外部的竞争对手，也可以存在于公司内部。

比如，公司一共有三条流水线，总会有一条流水线无论在质量、产量还是工期方面都是第一，其他的两条生产线就可以以它为榜样。部门与部门之间也是一样的，比如某个部门的费用刚好控制在企业标准费用95%之内，另外几个超标的部门就可以以之为导向。

树立榜样对象之后，还要确保达成目标的时间不宜过长，因为过长时间的努力过程会使当事人懈怠，进而失去信心。因此，控制员工在一定的时间内达成目标，是一种技巧。

2. 根据员工的长处设立榜样

榜样不是全才，而是在某些方面有一技之长的人。

比如，销售业绩最好、客户满意度最高等，这些闪光点可以成为大家学习的标准。

3. 榜样行为不能设置过高

如果榜样的行为需要通过很长的时间、很大的精力才能做到，那么其他员工要想达到这个目标会感到遥遥无期，这样对大家就会失去激励作用。

4. 宣传榜样事迹一定要真实

为了真正起到榜样激励的作用，榜样的事迹一定要真实，这样才能让人信服。这就需要管理者平时多了解员工，否则，树立的榜样就可能有虚假的成分。所以，不要一味地吹捧、夸耀一个榜样，一定要真实。

在宣传的过程中，要注意选择多个渠道、多种方式，将其结合起来会比较有效。

比如，可以将宣传内容张贴在大厅、走廊、公司网站，也可以刊登在内部刊物上，在厂区广播或者制作成光碟，还可以写入公司简介、企业年鉴中等。

宣传艰难曲折的事迹会更有感召力。这是因为艰难曲折的事迹首先能够引起员工的普遍关注；其次能够激发大家在平凡的工作中更加努力，打消心理障碍，树立"没有不可超越"的高度信念。

让员工向好的员工学习，一方面可以提高员工自身的职业技能和素养；另一方面，对一个公司的整体发展来说，也是一个很不错的方法。

四、晋升激励

晋升对员工和组织都有重要影响。对员工而言，晋升能带来更高的物质报酬和社会地位、更多的机会与权力，能够带来多方面需求的满足；从组织的角度讲，晋升相对于其他激励具有长期性，能够鼓励员工的长期行为，降低员工的流失率。

（一）什么是晋升激励

晋升激励就是企业管理者将员工从低一级的职位提升到新的、更高的职务，同时赋予与新职务一致的责、权、利的过程。

晋升是企业一种重要的激励措施，企业职务晋升制度有两大功能，一是选拔优秀人才，二是激励现有员工的工作积极性。企业从内部提拔优秀的员工到更高、更重要的岗位上，对员工和企业发展都有重要意义。

（二）晋升激励的原则

将企业内部业绩突出和能力较高的员工加以晋升是一种十分常见的激励方式，这种方式提供的激励包括工资和地位的上升、待遇的改善、名誉的提高以及进一步晋升或外部选择机会的增加。但是对于晋升激励的对象的选择不能随心所欲，需要遵循如图9-6所示的原则。

原则一　德才兼备

不能打着"用能人"的旗号重用和晋升一些才高德寡的员工，这样做势必会在员工中造成不良影响，从而打击员工的积极性

原则二　机会均等

要使员工面前都有晋升之路，即对管理人员要实行公开招聘、公平竞争、唯才是举、不唯学历、不唯资历的选拔，只有这样才能真正激发员工的上进心

原则三　"阶梯晋升"和"破格提拔"相结合

"阶梯晋升"是对大多数员工而言的晋升方法，这种晋升方法可避免盲目性，准确度高，便于激励大多数员工。但对非常之才、特殊之才则应破格提拔，使稀有的杰出人才不至于流失

图 9-6　晋升激励的原则

（三）内部晋升的要点

内部晋升是组织管理和员工激励制度的有效途径之一，更是留人和用人的最佳方法。但是，晋升也要讲究一定的方式、方法，图9-7所示的五个方面详细介绍了进行内部晋升的要点。

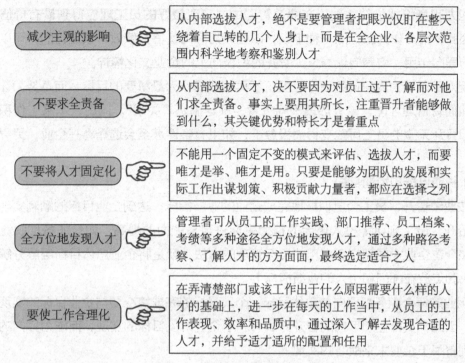

图9-7 内部晋升需注意的要点

（四）晋升激励的要点

职位越高的内部晋升，管理者越要慎重，如何使员工能力配得上工作岗位并尽快进入角色，应有一套操作指引和考核程序，保障组织内或部门内不至于因人员调动而影响工作。这就需要管理者具备一定的手段，让晋升激励发挥它应有的作用，具体如图9-8所示。

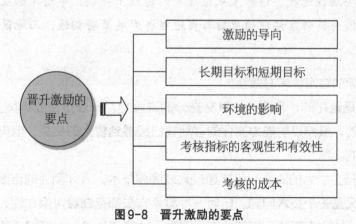

图9-8 晋升激励的要点

1. 激励的导向

相对于奖金，晋升对员工激励的导向作用更大，因为晋升不仅意味着工资的增加，还是能力和身份地位的体现。在绩效管理中，表现最好的员工理应得到最有价值的奖励。因此，晋升作为激励的一种手段，以业绩为导向是符合绩效考核理论的，可以产生积极的导向作用，培养向优秀员工看齐的积极向上的企业文化精神。

但对于以能力为导向的晋升，员工不再将业绩作为最重要的目标，而是努力让主管觉得他们有管理才能，或者热衷于同主管、领导搞好"关系"。同时，本来工作积极性很高却晋升无望的员工可能变得消极怠工，如果有条件甚至会选择离开企业，另寻发展空间。

2. 长期目标和短期目标

按业绩晋升，员工会更积极地完成企业的业绩指标，达到企业目标的顺利实现。按能力晋升，员工则可能投入更大的精力去促进自身能力的提高，如参加各种职业培训等。如今在企业中得到广泛应用的目标管理的方法，就是将企业总体目标层层分解，最终把落脚点放在部门和个人的业绩指标上。

企业的每个职务都要向着总体目标，个人目标的完成情况要与企业目标的实现紧密相连。因此，实行业绩导向的晋升方式有利于企业阶段目标的实现，而能力导向的晋升方式则着眼于企业未来战略的实现。

3. 环境的影响

员工的业绩通常是由技能、机会、态度、环境四个因素决定的。除了知识、技能和态度，业绩的好坏还会受到外部因素（如机会和环境）的影响，在某些情况下，业绩与个人的能力和努力程度不成正比。因此，员工获得好的业绩并不一定代表他比别的员工优秀，有可能是因为他拥有较好的外部资源。

而能力则是员工本身特有的属性，基本不受环境等外部因素影响。

比如，百安居在选拔、培养未来经理人的过程中强调，申请人的业绩并不是唯一重要的因素，因为销售店经理的业绩与当地经济发展紧密相连，而地区发展不平衡是必然的。

4. 考核指标的客观性和有效性

业绩指标是量化的、客观的，具有充分的说服力，一般是企业和员工最为关注的。能力却是抽象的，虽然目前能力测评的客观性已经得到较大的提高，但仍无法从本质上消除主观的影响。

衡量一个员工能力的高低一般要通过人才测评技术。人才测评的信度与效度既是一个理论问题，又是一个技术问题。任何一种测评方法都存在着可操作性、时效性、适用性等问题，无法达到很高的信度和效度。现在人才测评技术取得了很大的进步，关于人才心理及个性的测试能够达到较高的准确度，但是关于人才工作能力的测试的准确度仍然比较低。

如果缺乏准确的标准，挑选管理者时可能会出现依据"关系"选拔的情况。人们总是有低估别人而高估自己的倾向，在以能力为导向的情况下，如果员工认为获得晋升者的能力不如自己，就会感到不公平，容易产生懈怠情绪；以业绩为导向可以防止这种情况的发生，使大部分员工感到公平和信服，便于现实中企业操作和应用。

5.考核的成本

对业绩进行考核，可以直接以员工过去的工作业绩为考核指标，考核成本较低。而对候选人的能力进行测评，如果没有建立完善的人才测评体系，必须聘请优秀的测评专家对每一位候选人进行全方位的测评，成本比较高。

综上所述，在实际应用中，以能力为导向的晋升方式和以业绩为导向的晋升方式两者各有所长，管理者要根据具体的情况做出选择。

作为企业的管理者，要最大限度发挥员工的能力，为每一个员工都提供晋升的机会，不断地挖掘每个员工的潜能，重视员工的晋升，这样有利于激励员工工作。

创业分享

企业如何应用晋升体系

企业在实际操作和运营中，应用晋升体系时需注意以下三个方面的问题。

1.与薪酬相对应

与欧洲一些高福利的发达国家相比，挣取工资仍然是我国员工工作的主要目的，因此，晋升只有与薪酬相对应，才能更好地发挥其激励作用。

此外，在薪酬设计中，有一部分是针对个人的，而不是针对岗位的，这一部分被称为资历工资。也就是说，随着资历的增长，员工虽然岗位没有变化，但还是可以拿到这部分不断增长的工资。在一些企业中，由于发展的限制，岗位设置有限，很多员工进一步发展的机会也受到了限制。为了挽留管理者，企业就随着他们工龄的增长而改变他们的头衔。比如，把人力资源部的经理变为人力资源部总监，但是，他们的岗位在组织架构上的位置并没有改变，权限以及管理的人员也没有改变，唯一改变的是工资。也就是说，公司将头衔的晋升与薪酬挂起钩来，这样员工就从晋升中得到了激励。

2.晋升标准必须明确

将晋升的标准明确化、公开化，对于晋升体系的应用具有重要的意义。因为，明确了标准就意味着明确了员工努力的方向。

以高级经理的晋升为例：晋升标准规定，经理在13项考核指标中，如果连续7年有8项达到A，那么就可以晋升到高级经理。在13项指标中，有一些是能力指标，有一些是业绩指标。对于经理们而言，如果其能力能够连续4年达到A，那么就说明能力是没有问题的，因为它是相对稳定的。所以在接下来的3年里，他们就不用担心指标了，只需要努力完成易变化的业绩指标就行了。同样，如果明确了业绩指标达到A所需要的分数和每个指标的分数构成，那么经理们就可以通过抓住考核的关键因素来提高自己的分数，从而使自己达标。所以，明确标准对于明确员工的努力方向、增强员工对结果的可控性，从而增强晋升体系的激励作用具有重要的意义。

3.晋升体系要注意应用头衔

我们经常看到一个公司里有很多经理，级别较高的部门负责人被称为经理，级别较低的部门负责人也被称为经理。在名片上，很多人的职务也都注明了经理。这就是应用头衔提升晋升体系激励的一种有效方式。因为人都比较爱面子，换句话说，人都有交往和受到尊重的需要，头衔往往有利于满足这种需要。因此，晋升体系要充分地应用这一工具，因为它是最廉价的。在某种程度上，它可以代替或者帮助节省人工成本支出，因为有很多人为了头衔愿意拿较低的工资。当然，如果将头衔与工资恰当地结合起来，效果会更好。但是，需要注意的是，它的应用要有一个度，不可滥用。

五、股权激励

股权激励机制是要让被激励者从打工者变为企业的主人翁，将自身利益和企业利益紧密结合，使其积极主动地参与企业决策、承担风险，并分享企业成长带来的丰厚利润，积极主动地关心企业的长期健康发展与价值增长，从而促进企业一步步走向辉煌的制度和契约的结合及其实施过程。

（一）什么是股权激励

股权激励是将公司股权或股权的收益权以某种方式授予企业的中高层管理人员和业务、技术骨干，使他们参与决策、分享收益、承担风险，形成权利和义务相互匹配的所有权、收益权、控制权和管理权关系，从而激励员工为公司的长期发展服务的一种制度安排。

（二）股权激励的意义

股权激励制度是企业管理制度、分配制度甚至是企业文化的一次重要制度创新。无论企业的形态以及资本结构如何，不论企业是上市公司还是非上市公司，都需要建立和实施股权激励机制。

具体来说，股权激励具有如图9-9所示的意义。

- 可以留住和吸引人才
- 保障企业的发展战略及长期规划得到落实
- 有利于提高凝聚力和战斗力
- 可以解决企业资金问题
- 有利于提高利润率
- 可以培养企业的管理层

图9-9 股权激励的意义

1.可以留住和吸引人才

企业的发展主要靠的是人才和资金，好的人才留住了，管理不成问题了，市场不成问题了，资金同样也就不成问题了，企业的发展问题也就随之被解决了。企业发展的根本问题就是人才的问题，仅仅靠工资制度、奖金制度以及提成制度是不足以留住人才的，即便一时可以留住人才，也很难让这些人才积极、主动地发挥其潜在的价值。那么，企业就需要结合其他的激励方式，将各种激励方式组合起来留住人才，股权激励就是一个有效的激励措施。

同时，良好的股权激励机制还有利于引进外部的优秀人才，为企业的发展不断输送营养、增加动力，使得企业能够在激烈的人才竞争中获得优势。

2.保障企业的发展战略及长期规划得到落实

毋庸置疑，企业的发展需要人才，企业战略以及具体政策都需要人才去执行，这就需要人员稳定，尤其是核心人员的稳定。

每个人都有不同的思想，只有稳定的人员才能执行好既定的战略和政策。股权激励可以吸引和留住人才，股权激励有利于人才的稳定，使人才长期、稳定地为企业服务，有利于使企业的长期战略及规划保持不变，有利于各项措施的落实。

3.有利于提高凝聚力和战斗力

高端人才不仅仅希望通过劳动换取报酬，更想有一份自己的事业，而股权激励可以让激励对象成为股东。这也就让这些人才与创始人、大股东的利益保持一致，这样，激励对象就有了归属感和认同感，同时也会自发地拥有自己创业的激情，提升了他们的忠诚度，激发激励对象更努力、长期地为企业工作，真正从打工者转变成"撸起袖子加油干"的员工。

企业内部人才有了创业的激情和干劲，就容易形成长期稳定的团队，也有利于提高团队的凝聚力和战斗力。激励对象以前是给别人干，是个打工者，获得股权后，转变成了老板，这个身份的转变意味意识的转变，激励对象也就认为有了自己的事业。当然，这个事业是激励对象共同的事业，他们会自发地为共同的目标去奋斗并且会互相监督、互相促进，充分体现了激励对象的参与感，激发了激励对象的积极性和创造性，从而提高了整体的凝聚力和战斗力，有利于减少内耗，集中精力谋发展。

4.可以解决企业资金问题

股权激励也会在一定程度上解决资金问题。其实投资主要投的是人，外部投资者投资一个企业主要看的是创始团队、管理层和核心员工，一个有着分享精神的创始人、一批稳定的管理人员和核心员工是最好的投资对象，很多私募基金或者其他的风险投资机构都会抢着投资这类企业。

另外，股权激励虽然是一种激励方式，但是激励对象取得股权也是需要付出资金的。企业奖励员工，不需要自掏腰包，不仅节省了奖励管理人员和核心员工的现金流，还会吸收到激励对象的投资资金，得到激励对象交付的费用，从而解决企业资金紧张的问题。

5.有利于提高利润率

做企业的主要目的之一就是为了获利，获取利润的办法就是尽可能地实现销售最大化，成本最小化，股权激励就可以很好地做到这点。因为一开始无论是管理人员，还是核心员工，仅仅负责一个部门或者一项工作，优秀的员工也仅仅是将自己分内的事情做好。但是，通过股权激励将打工者变为老板的时候，情况就发生了变化，员工会自发地为企业着想，开源节流，开拓市场，降低成本，互相监督，防止内部浪费与腐败的出现，从而提高企业的利润。

6.可以培养企业的管理层

企业的发展需要人才，需要有管理能力的人才，股权激励会让内部人员主动发挥思维，思考如何更好地管理企业。激励对象会主动提高能力，也会受到其他激励对象的监督去工作，这样有利于培训有能力、有道德水准的管理层，受到让这些管理层主动提高自己的要求、标准，让他们从"企业让我干什么就干什么"的思维转变成"我要干，我要主动干，我要主动去做事情"，主动去协调内部的矛盾，这样就能培养起一批有能力的管理人员。

（三）股权激励的关键点

要做好股权激励，须把握住以下4个关键点。

1.选择激励模式

激励模式决定了激励的效果,这是股权激励的核心问题。不同的股权激励模式各有优劣,不同的公司、业务模式、发展阶段需要选择适合自己的股权激励模式。

2.确定激励对象

股权激励的目的是授予核心人员公司股权,以保证他们的利益和公司的长期发展利益一致,因此,在确定激励对象时必须选择对实现企业战略最具有价值的人员。

3.确定激励来源

由于股权激励对象是自然人,因而资金的来源也是一个关键点。企业需要综合考虑购股人的资金承受能力和股权激励标的来源,以防因购股人资金匮乏而使激励失去意义,或给企业增加现金支出压力。

4.设计考核指标

股权激励的行权条件多与业绩挂钩,包括企业的整体业绩和个人的考核业绩。只有合理设计考核指标,才能给激励对象施加前进的动力且不引发其逆反心理,使激励效果更加明显。

> **创业启示**
>
> 企业在设计方案之初不可盲目跟风,切忌直接套用其他公司的方案。一定要明确自身的激励目标,然后再根据实际目标来确定激励工具、激励对象以及成熟机制等。设计好的激励方案只是第一步,如何将设计好的方案实施落地,并伴随企业发展不断调整,才是企业释放股权激励价值的关键环节。

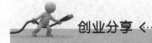

初创企业如何做好股权激励

在初创期,企业的核心目标就是活下去并验证商业模式。在这个时期,企业未来存在很大的不确定性,股权的价值很难被评估,这就导致大多数人对公司股权的价值并不认可,认为在这个时期做股权激励没有必要。

实际上,这个时期做股权激励有很多天然的优势。因为初创期的企业股权结构相对简单、清晰,没有很多干扰和复杂的因素,因此可以较好地去科学规划;同时,在投资人进入之前设立期权池和激励计划也往往是必不可少的一步,这避免了在融资以后再去做股权激励时会稀释股东股权的困难。

那么初创期的股权激励要怎么做呢?主要注意以下四点。

1.慎重选择激励对象

正如前面所说,在初创期,企业的未来存在很大的不确定性,并不是所有成员都可以认识到股权的价值,所以这个时候要慎重选择股权激励的对象。通常来说,我们不建议执行全员激励,而是更多地考虑对创始核心团队成员进行激励,他们不同于普通员工,既然选择一起创业,那么他们首先是认可公司发展方向的,对公司有信心和激情,所以股权对于他们来说是有价值的,而且这个价值与他们的努力和成绩成正比。

因此,在创始核心团队中做股权激励,效果会比较好。

2.激励模式的选择

在这个阶段,因为我们的激励对象主要是创始核心团队,同时,未来存在很大的不确定性,这个时候我们就需要更深度、更早地绑定激励对象,所以限制性股权往往是一种值得推荐的激励手段。

限制性股权一经授予便是实股,只不过是上了锁的实股。假设公司授予核心团队某个成员A一部分限制性股权,那么A获得授予后就拥有了这部分股权,享有股东身份,但是这部分限制性股权有解限条件,比如工作年限和业绩条件等,A需要达到相应的考核条件才能解锁这部分限制性股权,真正行使股东权利。

3.定好兑现机制和退出机制

在实践中,很多企业主在初创期直接给创始核心团队实股,没有设置兑现的考核标准和退出机制,甚至直接做了工商变更,这么做风险很大。没有考核标准,激励就无从谈起,而且,如果日后核心团队成员退出,股权如何收回将是个很大的问题。

企业主在股权激励之初就要定好退出机制,在什么情况下退出、回购价格怎么定,这些都要事先定好,以免以后出现员工离职的情况时产生不必要的股权纠纷。

4.规划好发放股权的量

初创期的企业往往在股权激励的时候会犯的一个错误就是对股权不珍惜,甚至创始人自己不能充分认识到股权的未来价值,这就导致创始人在早期处理股权问题时大手大脚,过早发放过多股权,导致后期期权池不足、激励股权不够的情况出现,等到后期想激励人才时就得去稀释股东的股权,沟通成本就会变得很高。

要知道股权的分配是不可逆的,早期股权激励的方案做得不规范,会给后期埋下很多隐患。初创期企业做股权激励,重在搭建好框架,就像房子先做好硬装和基础设施,创始人可以先规范地运行起来,日后随着公司的发展再做配套的细化和优化。

第十章　文化建设

对于创业者来说，比起学会如何进行产品营销，更重要的还有找到让企业建设成型并稳步发展的路径。其中，领导力提升、组织管理、文化建设是非常关键的几个要素。

文化是企业所有框架的主线。企业文化渗透到公司的各个角落，如果不提前确立基调，会与创业者的构想背道而驰，之后再来纠正这艘大船的航向是十分困难的。

一、什么是企业文化

企业文化是企业在成长和发展过程中逐渐形成的，并由企业的绝大多数成员信仰和推崇的核心价值观体系、企业精神、经营准则、行为规范、工作作风等，是企业生产经营管理观念的总和。

企业文化是企业重要的无形资产，决定成员的行为和企业的行为，是一个企业区别于其他企业的重要标志之一。

二、企业文化对于初创企业的意义

对于起步阶段的企业而言，如何在市场中迅速站稳脚跟、快速盈利是事关企业生死的头等大事，上至管理层，下至员工，都应将利润或市场占有率放在首位。至于企业文化建设，大多数初创企业将其推延甚至束之高阁，认为只有先填饱肚子活下来，等企业壮大后才能谈文化建设。其实这是一个误区，追求利益和文化建设并不矛盾，不是非此即彼的关系，相反，两者应该是相辅相成、相互推动的。

不可否认，经济效益是追求企业文化建设的物质保障，但在追求经济效益的同时，加强企业文化建设，对初创企业生存、发展、壮大能起到事半功倍的效果。

具体来说，企业文化对于初创企业的意义体现在如图10-1所示的三个方面。

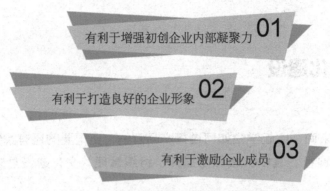

图 10-1　企业文化对于初创企业的意义

（一）有利于增强初创企业内部凝聚力

企业在成立之初，不得不面临的一个现实管理难题就是团队的凝聚力问题。一个企业是由原先各自独立的个体为了同一个目标聚合而成的团队，由于每一个成员个体都有着不同的身份、背景、价值观、工作方式等，所以在工作过程中，管理者应注意平衡相互利益，协调内部上下级、平级间成员关系，思考如何能在共同愿景下拧成一股绳。企业成立之初，各方面管理制度有待完善、规范，这些问题看似繁多复杂、千头万绪，其实究其根本，都是可以通过企业文化的构建来解决的。企业成立之初创业艰难，企业精神文化方面带来的成员凝聚力尤为重要，企业一旦形成一套具有本企业特色的文化，将在潜移默化中影响、指导员工的价值观，统一员工思想，约束员工的行为准则，使员工自觉遵守企业管理制度，调动员工的工作积极性，使其积极主动地执行工作任务，从而形成高效、良好的工作氛围。

（二）有利于打造良好的企业形象

企业形象是社会公众通过企业文化、产品形象、人员形象、标志形象、环境形象等因素所形成的对企业整体评价，是企业文化的一种外在表现形式。在现代市场竞争中，除了产品、服务、价格、渠道等传统竞争点，企业形象日趋成为企业竞争的重要因素，企业成立之初就面临如何扩大企业知名度，提升企业美誉度，提高企业影响力的问题。

（三）有利于激励企业成员

在以人为本的现代企业管理思想中，员工是企业的重要资产。对于初创企业，人力资源是企业竞争中最重要的资源，如何吸引人才、培养人才、留住人才、发挥人才最大潜能，既是重点工作也是难点工作。

三、企业文化建设的内容

企业文化建设的内容主要包括物质层、行为层、制度层和精神层四个层面的文化。学习型组织的塑造是企业文化建设的宗旨和追求的目标，构成了企业文化建设的重要内容。

（一）物质层文化

物质层文化是产品和各种物质设施等构成的器物文化，是一种以物质形态加以表现的表层文化。

企业生产的产品和提供的服务是企业生产、经营的成果，是物质文化的首要内容。同时，企业的生产环境、企业容貌、企业建筑、企业广告、产品包装与设计等也构成企业物质文化的重要内容。

（二）行为层文化

行为层文化是指员工在生产、经营及学习、娱乐活动中产生的活动文化，也指企业经营、教育宣传、人际关系活动、文娱体育活动中产生的文化现象，具体包括企业行为的规范、企业人际关系的规范和公共关系的规范。企业行为包括企业与企业之间、企业与顾客之间、企业与政府之间、企业与社会之间的行为。

（1）企业行为的规范是指围绕企业自身目标、企业的社会责任、保护消费者的利益等方面所形成的基本行为规范。从人员结构上划分，企业行为的规范包括企业家行为、企业模范人物行为和员工行为等。

（2）企业人际关系分为对内关系与对外关系两部分。其中，对外关系主要是指企业经营面对不同的社会阶层、市场环境、国家机关、文化传播机构、主管部门、消费者、经销者、股东、金融机构、同行竞争者等方面所形成的关系。

（3）企业公共关系作为打造企业知名品牌和形象的两大法宝，它们可以提高企业及品牌的知名度、美誉度，增强企业的整体竞争能力，促进经济效益和社会效益的同步发展。因此，公共关系的规范是指必须以满足公众需求为出发点，必须十分注重社会效益，必须遵循实事求是的大原则，必须以不断创新为灵魂。

（4）服务行为规范是指企业在为顾客提供服务过程中形成的行为规范，是企业服务工作质量的重要保证。

（三）制度层文化

企业制度层文化是企业为实现自身目标而对员工的行为给予一定限制的文化，具有共性和强有力的行为规范的要求，规范着企业的每一个人，是行为文化得以贯彻的保证，具体包括企业工艺操作流程、厂纪厂规、经济责任制、考核奖惩等。制度层文化主要包括企业领导体制、企业组织结构和企业管理制度三个方面。

（1）企业领导体制是企业领导方式、领导结构、领导制度的总称。

（2）企业组织结构是企业为有效实现企业目标而筹划、建立的企业内部的各组成部分及其关系。企业组织结构的选择与企业文化的导向相匹配。

（3）企业管理制度是企业为追求最大利益，在生产管理实践活动中制定的各种带有强制性义务并能保障一定权利的各项规定或条例，具体包括企业的人事制度、生产管理制度、民主管理制度等一切规章制度。

（四）精神层文化

精神层文化是指企业在生产、经营过程中受一定社会文化背景、意识形态影响而形成并长期存在的一种精神成果和文化观念，包括企业精神、企业经营哲学、企业道德、企业价值观念、企业风貌等内容，是企业意识形态的总和。

（1）"参与、奉献、协作"的企业精神是现代意识与企业个性相结合的一种群体意识，是企业经营宗旨、价值准则、企业信条的集中体现。它构成了企业文化的基石，通常通过厂歌、厂徽、厂训、厂规等形象地表现出来。

（2）"以市场为导向"的企业经营哲学是指企业在经营过程中提出的世界观和方法论，是企业在处理人与人、人与物的关系上形成的意识形态与文化现象，与民族文化、特定时期的社会生产、特定的经济形态、国家经济体制及企业文化背景有关。

（3）"以人为本"的企业价值观是企业在追求经营成功过程中所推崇的基本信念和奉行的目标，体现在处理股东、员工、顾客、公众等利益群体的关系中，包括利润价值观、经营管理价值观和社会互利价值观。

四、企业文化建设的策略

进行企业文化建设要切合企业实际，符合企业定位，一切从实际出发，不搞形式主义，才能制订切实可行的企业文化建设方案。具体来说，创业者可以参考如图10-2所示的策略来建设企业文化。

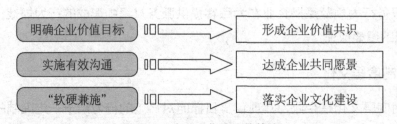

图10-2　企业文化建设的策略

（一）明确企业价值目标，形成企业价值共识

首先，要合理发挥最高领导者的企业文化缔造作用。企业的最高领导者或是最高级别管理者的地位在企业初创阶段往往是自然生成的，他们是企业初创阶段，企业文化最大的来源和最强的推动力。《哈佛商业评论》主编、美籍华人博士忻榕指出，企业文化就是老板的文化，企业文化取决于老板，尤其是创业老板，不仅在中国，西方也是如此。我们必须承认企业最高领导者对企业文化的缔造作用，但这不是说企业文化的缔造是可以自发的，而是强调最高领导者要有建设特色的、优秀的企业文化的自觉，要有汇集多元价值观并在此基础上达成企业战略价值共识的自觉。

其次，创业团队要达成企业终极价值目标的共识。企业价值目标包括终极价值目标和阶段性价值目标，其中终极价值目标是在企业核心价值观的指导下，贯穿于企业发展全过程的、具有衡量阶段性价值实现状态的尺度性目标。它的战略意义决定着企业的存续和发展，体现着创业团队成员的共同理想信念和价值追求。因此，创业团队成品必须深入学习和沉心思考，在大家碰撞交流的过程中，逐步把个人的利益诉求与企业的价值目标统一起来，把阶段性的企业价值目标和企业的终极价值目标统一起来。

（二）实施有效沟通，达成企业共同愿景

在价值目标的观照下，企业最高领导者必须发挥创业团队和全体员工的智慧，把企业的价值目标演绎为企业的愿景。企业愿景又称企业远景，是全体员工愿意为之奋斗的企业发展的未来景况，是企业价值目标能够达到预期的外在呈现，是企业价值目标的物化状态。企业的愿景具有强大的号召力，能促进企业员工安心工作、勤奋工作，能激励员工不断爆发工作热情和个人能量。但显然，这样的企业愿景不是创始人或企业最高领导者的，也不全是创始团队的，而是全体员工的。它的基本逻辑是，没有共同的价值目标就没有共同愿景的设计，没有共同愿景也就没有共同行动；没有共同愿景的价值追求，即使有共同的行动也是涣散和盲目的。所以，企业共同愿景的设计一定要基于共同的价值目标，体现创始人、创业团队、其他员工甚至是客户的共同价值追求，融入全体员工智慧。创业团队的企业核心地位决定了企业共同愿景首先应该是创业团队的共同愿景，前提是需要他们通过不断的交流沟通达成愿景的一致。

（三）"软硬兼施"，落实企业文化建设

"软硬兼施"是指企业既要抓业务也要抓文化建设。初创企业的文化建设可以从以下方面入手。

1. 牢牢抓住"企业价值的实现"这一脉络

管理企业、经营企业和发展企业是为了企业价值的实现，这是企业的"中心思

想"，也是企业文化建设的基本脉络。只有牢牢抓住这个要领，企业的管理、经营和发展才会有章法和体系，才能使初创企业尽快步入正轨，由此减少内耗，降低成本，提高决策执行效率。反过来，这些又会进一步更好地实现企业价值。

2. 把企业文化的脉络理顺和建设好

即需要对企业的共同愿景进行具体化，这一具体化的过程如同人体神经系统的发育生长，需要通往企业的每一个岗位，反映在每一个事件上。具体化的表现形式包括企业的战略规划，组织体系、精神风貌、规章制度工作规范、经营模式、行动方式，甚至包括企业物态的产品、机器厂房或办公设施设备的样式。具体化的路径是决策、组织、执行、督导、检查、考核等一系列工作流程上的各部门人员的规范性工作和日常行为。

3. 创业团队特别是最高领导者需要身体力行

企业文化脉络理顺了，执行工作开始成为重点。首先需要企业领导者起到带头作用，特别需要通过身体力行，为员工做出行动的示范；其次需要员工们在自己的岗位上加强自律、规范工作、努力创新，不断实现新突破，以自己的优秀表现呈现企业的价值和自己的价值。

创业分享

科技型初创企业团队文化如何构建

根据科技型初创企业的团队文化构建方向和企业文化的基本构建思路和方法，科技型初创企业的主要构建任务是建设企业整体的目标价值体系和团队成员的共享价值观。从文化建设三个阶段出发，文化建设方法可分为三个过程。

一、建立和传达企业核心价值体系

核心价值体系是企业文化的灵魂与主心骨，是企业在进行文化建设时首先需要把握的"龙脉"。核心价值体系的确立和传达处于企业文化发展的灌输阶段，作为以团队工作为主体的科技型初创企业，团队的文化与价值观也是企业文化的主体与首要建设目标。科技型初创企业在确立核心价值内容时，可根据领导者的个性特点与团队成员整体的价值取向分为两种构建方式。

1. 由领导者提出核心价值观内容

部分科技型初创企业虽由团队延伸而来，但团队内部的文化氛围较弱，团队成员没有明确的价值观念。这种情况下，通常领导者的个性与价值观较为突出，由领导者或决策团队根据企业特点与发展战略提出符合自身对企业构想的价值观，如一些成熟的科技型企业在初创时期多以创新作为企业主要使命，大多源自创建者或领导者对行业技术发展的长远眼光和自身勇于开拓的冒险精神。领导者提出的价值观念也并不能够一意孤行，需要进行传达和推行，根据员工的接受程度和实际效果进行改善和提炼。

2.由下属团队成员的价值观念整合而来，传达给领导者并得到认可

这种构建方式通常适用于科技初创企业在创业初期，原研发团队文化观念较强，已形成适用于团队发展的目标价值观念，在进行企业建设时以研发团队主体的价值观延伸出企业整体的目标价值体系。领导者通常个性特点与团队价值观相符合，并且这种建立方式由于产生于下层或组织整体，相对于领导者提出的更有助于推广和传播，也更利于企业员工接受和遵守。

二、塑造和巩固核心价值观念

企业建立的核心价值体系能否真正有效地推行，主要取决于在文化塑造阶段企业采取的巩固措施和传播手段。一般来说，企业在组织层面推广和传播核心价值观有多种方式，包括领导者的言传身教、对员工的培训教育，树立模范人物，适当奖惩等。企业类型不同，对传播手段的采取也有些许差异，不同的价值要素在巩固方式的选择上也会有所侧重，在对科技型初创企业的价值体系巩固、塑造阶段的研究中，本文根据企业所需的价值要素探讨具体措施。

1.企业领导者的言传身教和管理方式是传播文化和核心价值观的重要手段

科技型初创企业的管理方式通常基于团队进行管理，一方面，领导者的决策风格、管理风格更直接地影响团队成员的价值取向，下属会不自觉地向领导学习一些思维方式和工作方式；另一方面，科技初创企业的制度相对简单，通常是由领导者进行灵活管理，通过对下属团队成员进行特定的激励传达价值观。这一手段多适用于偏向精神层面的价值要素，例如企业所需的创新要素可通过领导对员工的创新激励进行正强化，鼓励员工尝试并宽容员工的失败来激发创新思想。尊重个性通过领导者减少对员工或团队成员的发展空间的限制来实现，利用团队工作的灵活性为员工提供多元化的发展道路。

2.树立企业内的模范人物，激发员工效仿也是重要的推广途径

模范人物不仅限于领导者或企业创始者，越是新兴的企业越倾向于强调企业员工的平等而弱化阶层地位，因此，从员工群体中树立榜样和模范人物更有利于鼓励员工去学习和模仿，发挥员工之间相互影响的作用，以个体带动整体进行价值观的学习和实践。在企业中，这类方式对于偏向行为层面的价值要素颇有成效，例如科技初创企业所需的执行力和合作等价值要素。在团队型企业中，企业工作方式灵活，员工之间的信息沟通畅通，模范人物的影响范围也更广。

3.定期对员工进行适当的培训教育是较为直接的价值观传播方式

这种方式使企业的目标价值体系更加明确易懂，且有助于员工对企业价值观形成

强烈的印象;但直接的培训不容易提高员工内心的接受和认可程度,仍要配合其他方式将理论运用到工作实际中去。企业通常采取的方式包括课堂培训、开展相关竞赛或包含文化内容的员工福利活动等。

三、推广价值观和营造文化氛围

企业文化的推广和氛围的形成通常是在企业内部的价值观体系塑造之后,将其拓展到企业外部其他的利益相关者中,此时,文化的建设处于氛围形成阶段。企业文化的推广与文化氛围的营造通常属于物质层面的文化构建,包括企业文化形象的打造、企业价值观和企业精神的对外传播以及工作环境的营造等。

1. 统一鲜明的企业对外形象

打造鲜明的企业对外形象不仅是提升员工对企业文化的认同感的一种方式,也是提升企业知名度和对于特定消费者的吸引力的重要手段。提升企业竞争力是打造团队文化的主要目的之一,因此,企业的对外形象不仅要有自身的特色,更要体现企业的专业性和先进性,可通过广告宣传、出席活动和打造特定企业形象衍生物等形式强化企业对外形象。

2. 企业价值观的对外传播

对于企业的利益相关者,特别是消费者来说,企业拥有怎样的核心价值观通常影响消费者对企业产品、服务和态度做出判断。科技型初创企业不仅需要与其他企业或投资商之间有良好的合作机会,也需要获得消费者的认可和青睐。因此,将企业的价值观作为企业形象的一部分进行推广和传播更容易使企业更好地融入环境和占领市场,同时,企业的价值观也体现出一个企业的特色,这种特色将同时体现在企业的产品、服务与最终战略目标上。

3. 营造年轻化、人性化的工作环境

企业的文化氛围直接反映在工作环境之中。科技型初创企业身为年轻化的技术类企业,在人才需求方面多倾向于思维活跃、科学技术知识储备丰富的年轻人,因此,工作环境的营造也更应该年轻化和人性化。企业应在充分考虑员工心理需求的基础上,结合自身企业特色,投入精力打造企业的工作环境。同时,工作环境中也可以融入一些具有企业价值观的标语或象征性物品,打造日常工作中随处可见的价值观广告,以营造学习文化的氛围。

学习笔记

通过学习本部分内容,想必您已经掌握了不少学习心得,请仔细填写下来,以便继续巩固学习。如果您在学习中遇到了一些难点,也请如实写下来,方便今后重复学习,彻底解决这些难点。

我的学习心得:

1. _____
2. _____
3. _____
4. _____
5. _____

我的学习难点:

1. _____
2. _____
3. _____
4. _____
5. _____

第三部分

经营运作

阅读索引：
⇨ 完善管理制度
⇨ 做好财务管理
⇨ 税务筹划管理
⇨ 风险防范管理
⇨ 职业生涯规划

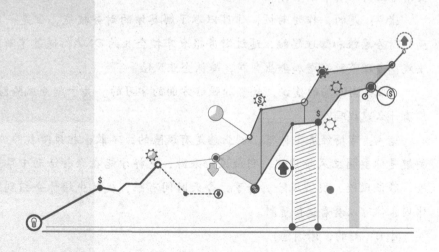

小B：A总，今天我又来向您请教了。这段时间我认真地拜读了您给我的资料，学到了很多东西，一些不太明白的知识点终于弄明白了。但还有几个问题，要向您请教一下。

老A：哦，那你今天想了解哪些方面？

小B：首先，您觉得我一个刚成立的公司，有必要制定一系列规章制度吗？

老A：国家的管理离不开宪法，学校的管理离不开校园规章制度。同样，对于企业的发展来讲，企业管理制度是必不可少的。企业管理制度是企业发展中具有核心作用的方面，没有了这个核心，企业谈何正常运转？因此，企业的发展离不开管理制度，完善的管理制度是企业发展必不可少的环节。

小B：原来制度管理这么重要啊！

老A：是的，规章制度可以保障企业的运作有序化、规范化，将发生纠纷的可能性降到最低，同时可以降低企业的经营运作成本，增强企业的竞争力。

小B：好的，我知道了，届时我会根据公司的实际情况，制定出相应的规章制度。另外，关于财务与税务方面的管理，您能给我讲讲吗？

老A：财务管理是企业经营管理的重中之重，从某种角度来讲，企业管理要用数字化方式来管理企业，而数字化管理企业的前提是有强大的财务系统作为支撑。懂点财务知识，看懂三张报表，学会财务分析，识别财务异常，规避税务风险是这个时代作为企业经营者必不可缺的管理能力。

小B：关于财税方面，我还是一片空白，今天您这样一讲，我有点眉目了，就知道要从哪些方面进行学习了。关于具体的管理与操作，术业有专攻，我还是要请专业的人员来做才行。

老A：是的，作为老板，你可以不了解具体的财务技能，但是一定要具备正确的财务思维和管理思维，通过财务报表掌控企业的DNA，通过了解政策、法律法规，合理节税，增加企业利润，降低企业风险。

小B：谢谢您的建议，我会加强这方面的学习的。关于创业风险防范这方面，您有什么建议吗？

老A：市场经济条件下，创业总是有风险的，不敢承担风险就难以求得发展。关键是你要树立风险意识，明白风险来源，这样才能在经营活动中尽可能预防风险、降低风险、规避风险。好了，今天时间有限，我就先给你介绍到这儿了，具体内容你可以看看这份资料。

小B：好的，谢谢您！

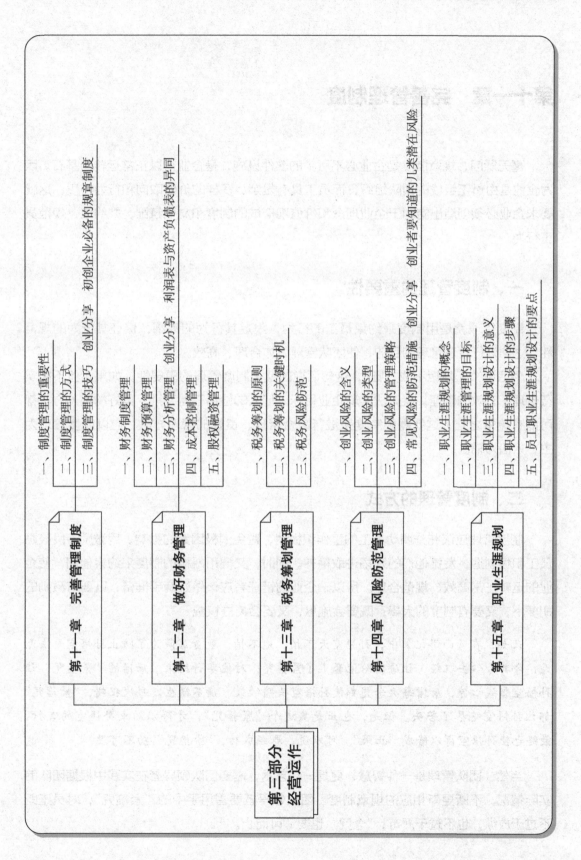

第十一章 完善管理制度

毫无疑问，规章制度是企业必不可少的软件设施，是企业得以正常运转的基石。因为企业是由员工组成的团队组织，而员工具有复杂、多样的价值取向和行为特质，这就要求企业必须创造出有利于企业理念和价值观形成的制度和文化氛围，并约束、规范员工行为。

一、制度管理的重要性

制度管理就是用制度来约束员工的行为，限定其行为的范围，保证其行为的规范性，达到进行合理管理的目的，使团队管理更加合理、高效。

俗话说"无规矩不成方圆"，这句话说的就是制度管理的重要性。如果企业不能实行合理、有效的管理，就无法实现企业目标。但人的性格千差万别，再好的用人方法都可能有疏忽之处，这就需要制度来进行配合管理。良好的管理方法，应以制度管理为主，人治为辅。

二、制度管理的方式

制度管理应该充分调动员工的工作积极性，避免消极因素的影响。用激励手段鼓励员工积极创造，发掘他们的开拓进取精神。同时，又要用严格的制度来约束他们，使企业的运转正常高效、规范合理。所以，企业的管理者应该做好两手准备，既要有激励的胡萝卜，又要有制度的大棒；既要会施恩，又要会树立权威。

比如，在《西游记》中，孙悟空天不怕，地不怕，观音菩萨为了防止孙悟空无法无天，令其专心去取经，让唐僧给他套上了紧箍咒，对他实行约束。唐僧的"紧箍咒"让孙悟空胆战心惊，唐僧每次念咒都使孙悟空头痛欲裂、痛不欲生。每次犯错，"紧箍咒"都让孙悟空吃尽了苦头。但是，也正是靠这个"紧箍咒"，才得以约束孙悟空的言行，最终也使孙悟空得以修成"正果"。可以说，取经成功，"紧箍咒"功不可没。

当然，团队管理是一种智慧，更是一门艺术，需要团队领导者在实践中根据团队的实际情况，不断更新相应的规章制度。团队领导者要善用手中的"紧箍咒"，对员工既不过于放纵，也不过于严苛，"念咒"也要适可而止。

三、制度管理的技巧

在企业管理中,规章制度就是管理员工的"紧箍咒",如何念好这个"紧箍咒",让它在团队管理中发挥最大的功效,有一定的技巧,具体如图11-1所示。

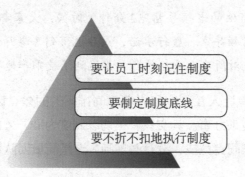

图11-1 制度管理的技巧

(一)要让员工时刻记住制度

只有让员工记得住的制度才能真正发挥效用,不被记住的制度只是一堆"文字",不能称为制度。作为管理者,要给员工沟通的机会,要想方设法让员工记住制度的要求。但有的时候员工还是不遵守制度,这时就要通过惩罚和奖励机制来约束和激励员工,让员工把制度放在心上。

比如,对一年迟到多少次以上的员工给予惩罚,对一年一次都没迟到的员工给予重奖,并把惩罚和重奖进行公告,以警示和激励其他员工。

(二)要制定制度底线

底线就是最低的限度,无论谁触犯了底线都会被严惩,绝不姑息。

比如,在麦当劳,员工贪污就是触犯公司的底线,只要拿了公司的任何东西就会被开除,即使只是偷吃了一根薯条也要被开除。

(三)要不折不扣地执行制度

制定好制度以后每个人都要遵守,不能有任何特例。很多企业的制度制定者往往是制度的破坏者。作为团队的领导者和制度的制定者,一定要明白:制度是所有人的制度,而不是一部分人的制度。

联想有一个迟到罚站的制度,柳传志说他被罚了三次,有一次是电梯出了故障,大家都准时去开会，没有人知道他被困在电梯里，他把嗓子都喊哑了才有人听到并把他救了出来，但他照样罚站了。有的时候罚自己还是比较容易的，但要罚德高望重的人就有点难度。联想因迟到而被罚站的第一人是张祖祥，他是柳传志的老师，也是他的老领导，当时柳传志硬着头皮说："您在这里站1分钟，晚上我去您家站1分钟。"当时，所有的人都非常紧张，当他的老领导站完1分钟的时候，大家都松了一口气。当天晚上，柳传志真的去了这位老领导家，履行承诺，最后也得到了老师的理解。从此以后，联想开会迟到的罚站制度就对所有人严格执行，谁迟到了就乖乖地去罚站。

带一个团队，总有让人在制度和人情之间徘徊的时候，因为大家相处久了会有感情，有时不忍心按制度来办事。其实只有一切以制度为准，才能保证整个团队管理的公开、公平、公正，大家同台竞技，没有潜规则，这是衡量团队管理好坏的一个标准。

创业分享

初创企业必备的规章制度

初创企业一般规模较小、人数少，以效率为要求，以结果为导向。但无规矩不成方圆，必备的公司规章制度还是要有的，而且要力求合理有效，并对员工产生强制约束力。公司的规范性在一定程度上会影响员工对公司的印象分。以下为初创企业必备的公司规章制度清单，可供参考。

1.人事类

（1）考勤管理制度。

（2）薪酬管理制度。

（3）人事管理制度（入/离职、员工关系、员工培训等）。

（4）绩效考核管理制度。

（5）保密管理制度。

2.财务类

（1）费用报销管理制度。

（2）发票管理制度。

3.行政类

（1）公司资质证照管理制度。

（2）行政管理制度（办公用品物资、会议室预订、快递收发、节日礼品、工装定制、接待、卫生保洁、安保等）。

（3）知识产权管理制度。

4. 业务规范类

（1）供应商管理制度。

（2）客户管理规定。

（3）合同审核及管理制度。

（4）产品研发管理制度。

5. 其他

根据公司所处行业和实际情况，必备的其他规章制度，例如厂区安全管理规定、产品质量管理规定、品牌管理规定、服务流程规则等。

第十二章　做好财务管理

不要以为公司刚创业，规模小，业务简单，财务管理工作就可以草草应付。要知道，麻雀虽小，五脏俱全，小公司有小公司的经营特点，如果盲目用大公司的一套去管理小公司的财务，一定会水土不服；放任自流，不去管理，也会出乱子。创业公司有其自身的财务特点，必须量体裁衣，因时制宜，因地制宜，抓住关键。

一、财务制度管理

创业之初的企业通常都是以客户为导向，以销售为中心，而财务管理的制度、流程通常处于散、乱、差的状态。小企业虽小，但必要的制度必须建立并完善起来，关键的流程必须确定下来。作为创业者，要能够快速梳理公司与财务有关的关键制度和流程。

（一）要建哪些制度、定哪些流程

通常情况下，财务管理关键的流程包括员工费用报销流程、借款流程、对公付款流程、采购申请流程、发票开具流程、合同审批流程等。一旦发现流程环节不合理就要修改，发现流程缺失就要及时弥补。最好将这些流程导入OA（办公自动化）系统，固化下来，这样员工执行起来就很方便。

在财务制度方面，重点建立员工报销借款制度，对公付款制度，发票的开具、领用、收取制度，应收应付管理制度，固定资产管理制度，资金预算管理制度，员工出差报销制度等。

（二）建制度、定流程的要求

建制度和定流程是做好财务管理的第一步。对于刚创业的公司来说，制度和流程应尽量简化，不要太复杂，否则执行的效率就会下降，执行的成本就会提高。要找到关键点，与业务无关的就无须建立。

制度和流程确立之后，财务部门必须监督执行，要求全公司严格遵守，这是保证公司财务工作规范化非常重要的一环。如果制度、流程流于形式，失去权威性，那么财务管理的其他工作也很难做好。

二、财务预算管理

财务预算管理是指公司在战略目标的指导下，对未来的经营活动和相应的财务结果进行充分、全面的预测和筹划，并通过对执行过程的监控，将实际完成情况与预算目标不断进行对比和分析，从而及时指导经营活动进行改善和调整，以帮助管理者更加有效地管理公司和最大限度地实现战略目标。

（一）财务预算的内容

一般来说，企业财务预算应包括表12-1所示的内容。

表 12-1　财务预算的内容

序号	预算类别	详细说明
1	销售预算	销售预算是编制利润预算的基础。根据企业经营目标，遵循以销定产的原则，通过量本利分析，确定最佳销售量和销售价格
2	生产预算	以销售预算为基础，结合企业的生产能力、预计生产量和存货需求量，编制生产计划表或工程进度计划表
3	成本预算	为规划利润和成本，控制企业的现金流量，依据生产量预算直接材料、直接人工、制造费用，编制生产成本预算表
4	费用预算	销售产品及管理企业过程中所产生的经营费用，应编制销售费用预算表、管理费用预算表、研发费用预算表、财务费用预算表、折旧预算表和税金预算表
5	现金预算	列出预算期内的现金流入和现金流出情况，以保持现金收支平衡，并合理地调配现金资源，应编制现金预算表、固定资产购置计划表、其他收入预算表、其他支出预算表和融资计划表
6	利润预算	利润预算是以货币形式综合反映预算期内企业经营活动成果的利润
7	资产负债预算	为反映企业预算期内期末财务状况的全貌，编制资产负债预算表
8	财务状况预算	根据各种形式的收入和费用的预测，综合预算企业未来经营状况并检验预算期内的经营预算结果，编制财务比率分析表，适时向决策者提供有效的控制经营活动的信息分析资料

（二）财务预算管理的要点

（1）公司的资金预算编制要尽可能准确。由于业务收支资金量不大，财务部门要把测算数值做精、做准，而且要充分考虑到公司资金缺口情况，并制订相应的资金风险应对计划。

（2）在预算的执行方面，一定要定期评估资金支出方向是否符合公司战略方向，是否达到资金使用的目标效率和效果。

创业公司的全部重心都在开拓市场、寻找客户、创造利润上，所以资金预算必须坚持"好钢用到刀刃上"的原则。

三、财务分析管理

财务分析是评价企业经营业绩及财务状况的重要依据，在企业财务管理中起着重要的作用：通过对企业财务状况的分析，可以了解企业的现金流量状况、运营能力、盈利能力、偿债能力；通过分析比较将可能影响经营成果与财务状况的微观因素和宏观因素、主观因素和客观因素加以区分，可以划清责任界限，客观评价经营者的业绩，提高经营管理者的管理水平；通过使创业者了解经营情况、挖掘潜力、及时发现企业存在的问题，可以找出经营的薄弱环节，改善经营管理模式。

企业财务分析以所依据的会计报表为基础，为了与国际惯例接轨，我国企业一般采用资产负债表、现金流量表、利润表三种报表进行分析。

（一）资产负债表分析

资产负债表是反映企业在某一特定日期（月末、季末、年末）财务状况的报表，属于静态会计报表。作为创业者，若能读懂资产负债表，就能了解企业所拥有或控制的经济资源及其分布情况，企业财务实力、短期偿债能力和支付能力，企业未来的财务趋势，企业融通资金和使用资金的能力及企业的经营绩效。

1.什么是资产负债表

资产负债表是反映企业某一特定日期财务状况的会计报表。编制资产负债表的目的是反映企业资产、负债、所有者权益金额及其构成情况，从而有助于使用者评价企业资产质量以及长短期偿债能力、利润分配能力。

在资产负债表上，企业有多少资产、是什么资产，有多少负债、是哪些负债，净资产是多少，其构成怎样，报表都反映得清清楚楚。资产负债表描述了在它发布时企业的财务状况。

2.资产负债表的作用

（1）反映企业所拥有或控制的经济资源及其分布情况。

（2）反映企业资金来源和构成情况。

（3）反映企业财务实力、短期偿债能力和支付能力。

（4）反映企业未来的财务趋势。

（5）反映企业的财务弹性。财务弹性是指企业融通资金和使用资金的能力。

（6）反映企业的经营绩效。

3.资产负债表的结构

资产负债表是一份静态的会计报表,是根据各要素在数量上存在的依存关系,即"资产=负债+所有者权益"这一基本会计方程式,依照一定的分类标准和次序,把企业一定时期的资产、负债和所有者权益等各项目予以适当排列而成。其中,资产和负债项目按照资产和负债的流动性从大到小、从上到下依次排列。

资产负债表由表头、表身和表尾组成。其基本结构见表12-2。

表 12-2　资产负债表

编制单位：　　　　　　　　××××年×月×日　　　　　　　　单位：元

资　产	期末余额	年初余额	负债和所有者权益（或股东权益）	期末余额	年初余额
流动资产：			流动负债：		
货币资金			短期借款		
以公允价值计量且其变动计入当期损益的金融资产			以公允价值计量且其变动计入当期损益的金融负债		
衍生金融资产			衍生金融负债		
应收票据			应付票据		
应收账款			应付账款		
预付款项			预收款项		
应收利息			应付职工薪酬		
应收股利			应交税费		
其他应收款			应付利息		
存货			应付股利		
持有待售资产			其他应付款		
一年内到期的非流动资产			持有待售负债		
其他流动资产			一年内到期的非流动负债		
流动资产合计			其他流动负债		
非流动资产：			流动负债合计		
债权投资			非流动负债：		
其他债权投资			长期借款		
长期应收款			应付债券		
长期股权投资			其中：优先股		

续表

资　产	期末余额	年初余额	负债和所有者权益（或股东权益）	期末余额	年初余额
其他权益工具投资			永续债		
其他非流动金融资产			长期应付款		
投资性房地产			专项应付款		
固定资产			预计负债		
在建工程			递延收益		
生产性生物资产			递延所得税负债		
油气资产			其他非流动负债		
无形资产			非流动负债合计		
开发支出			负债合计		
商誉			**所有者权益（或股东权益）：**		
长期待摊费用			实收资本（或股本）		
递延所得税资产			其他权益工具		
其他非流动资产			其中：优先股		
非流动资产合计			永续债		
			资本公积		
			减：库存股		
			其他综合收益		
			盈余公积		
			未分配利润		
			所有者权益（或股东权益）合计		
资产总计			负债和所有者权益（或股东权益）总计		

4.资产负债表总额观察法

面对资产负债表，首先需要考虑的就是观察总额的变化。

不管资产负债表的项目有多少，其大项目只有三个，即资产、负债、所有者权益，而这三个项目之间内在的数量关系就是"资产＝负债＋所有者权益"。资产变化是企业资源变化的结果，引起这种变化的根本原因主要有两个方面：

第一，负债的变化；

第二，所有者权益的变化。

既然资产等于负债加所有者权益,那么资产的增减变化量应该等于负债的增减变化量加所有者权益的增减变化量,即:

$$资产的增减变化量=负债的增减变化量+所有者权益的增减变化量$$

(1)资产增加

当一个企业在某一特定时点的资产总额增加,伴随的原因可能是负债在增加,或者是所有者权益在增加,比如从银行借款或增加注资。

(2)资产减少

当一个企业的资产在减少时,伴随的原因可能是负债在减少,也可能是所有者权益在减少,比如偿还银行贷款或减少注资。

其实,现实情况往往要复杂得多。当资产增加时,可能负债在增加,而所有者权益在减少。研究清楚这三个项目的数量关系,就可以基本把握企业在某个经营时段中发生了哪些重大变化,也就可以摸清这个企业财务发展变化的基本方向。

5.具体项目的浏览

具体项目浏览,就是拿着报表从上往下看,左右对比看。从上往下,即一个项目一个项目地观察;而左右对比,就是看一看哪个数字发生的变化最大、哪个数字发生变化的速度最快,哪个是资产变化的主要原因。

6.资产负债表外的经济资源

在读资产负债表时,要注意的是,并不是企业所有的经济资源都能够反映在资产负债表上。资产负债表是企业在某一时点经济状况的快照,它反映企业在特定时点拥有多少资产、负债和股东权益。

从企业的经济资源来说,并不是百分之百的资产都能够在资产负债表中反映出来。比如,企业的商誉或自有商标属于无形资产,在资产负债表中,按照会计的规则是不能反映的。有很多著名的企业,企业名称本身就很值钱,可是在企业的账上、在它的资产负债表上肯定不会存在这样的数字。一个企业优秀的管理队伍、优秀的管理水平也是企业很看重的资源,而这部分资源也不可能反映到资产负债表中。

同时也要关注负债,因为并不是企业所有的负债都能在资产负债表上反映出来。资产负债表上所反映的负债只是现在已经存在的负债,或者叫现实的债务,而潜在的风险和债务在资产负债表中是无法反映的。潜在的负债体现在资产负债表的报表附注中,作为创业者,可以要求编表人对其进行详细解释。

(二)现金流量表分析

现金对于一个健康的财务机构来说,就像血液对于人体一样。血液只有流动起来人体才能健康,同样,现金要具有流动性,企业才有生命力。作为创业者,只有读懂现金流量表，才能了解企业的支付能力、偿还能力和周转能力，预测企业未来的现金流量。

1.什么是现金流量表

现金流量表是指反映企业在一定会计期间内现金和现金等价物流入和流出的报表。

从编制原则上看，现金流量表按照收付实现制原则编制，将权责发生制下的盈利信息调整为收付实现制下的现金流量信息，便于信息使用者了解企业净利润的质量。

从内容上看，现金流量表被划分为经营活动、投资活动和筹资活动三个部分，每类活动又分为各具体项目，这些项目从不同角度反映企业业务活动的现金流入与流出，弥补了资产负债表和利润表提供信息的不足。

通过现金流量表，报表使用者能够了解现金流量的影响因素，评价企业的支付能力、偿债能力和周转能力，预测企业未来的现金流量，为其决策提供有力依据。

2.现金流量表的作用

（1）可供报表使用者评估企业在未来会计期间产生净现金流量的能力。

（2）评估企业偿还债务及支付企业所有者的投资报酬（如股利）的能力。

（3）分析企业的利润与营业活动所产生的净现金流量发生差异的原因。

（4）识别会计年度内影响或不影响现金的投资活动者。

3.现金流量表的结构

（1）表首。

（2）正表。上下报告式；内容有五个部分。

（3）补充资料：将净利润调节为经营活动的现金流量；不涉及现金收支的投资和筹资活动；现金及现金等价物净增加额。

表12-3所示是常见的现金流量表。

表12-3 现金流量表

编制企业： 年 月 日 单位：元

项目	行次	金额
一、经营活动产生的现金流量	1	
销售商品、提供劳务收到的现金	2	
收到的税费返还	3	
收到的其他与经营活动有关的现金	4	
现金流入小计	5	
购买商品、接受劳务支付的现金	6	
支付给职工以及为职工支付的现金	7	
支付的各项税费	8	

续表

项目	行次	金额
支付的其他与经营活动有关的现金	9	
现金流出小计	10	
经营活动产生的现金流量净额	11	
二、投资活动产生的现金流量	12	
收回投资所收到的现金	13	
取得投资收益所收到的现金	14	
处置固定资产、无形资产和其他长期资产所收到的现金净额	15	
收到的其他与投资活动有关的现金	16	
现金流入小计	17	
购建固定资产、无形资产和其他资产所支付的现金	18	
投资所支付的现金	19	
支付的其他与投资活动有关的现金	20	
现金流出小计	21	
投资活动产生的现金流量净额	22	
三、筹资活动所产生的现金流量	23	
吸收投资所收到的现金	24	
借款所收到的现金	25	
收到的其他与筹资活动有关的现金	26	
现金流入小计	27	
偿还债务所支付的现金	28	
分配股利、利润或偿付利息所支付的现金	29	
支付的其他与筹资活动有关的现金	30	
现金流出小计	31	
筹资活动产生的现金流量净额	32	
四、汇率变动对现金的影响	33	
五、现金及现金等价物净增加额	34	

4.现金流量表的流动性分析

流动性分析主要评价的是企业偿付债务的能力，主要考虑经营现金净流量对某种债务的比率关系，即：经营现金净流量÷某种债务。

（1）现金到期债务比＝经营现金净流量÷本期到期债务。本期到期债务是指本期到期的长期债务和本期的应付票据，通常这两种债务是不能展期的。

（2）现金流动负债比＝经营现金净流量÷流动负债。

（3）现金债务总额比＝经营现金净流量÷债务总额。这个比率越高，企业的负债能力越强。用该指标可确定公司可承受的最高利息水平。

比如，该比率为15%，意味着只要债务的利息率低于15%，企业就可以按时付息，通过借新债还旧债来维持借债规模。

（4）最大借款能力＝经营现金流量净额÷市场借款利率。如某企业经营净现金流量为2 500万元，市场利率为8%，则该企业的最大负债能力为2 500÷8%=31 250万元。

5. 现金流量表的获取现金能力分析

获取现金能力分析评价的是经营现金流量的创造能力，通过对比经营现金净流量与某种投入的资源进行分析。

（1）销售现金比率＝经营现金净流量÷销售收入。反映每元销售额得到的净现金，越大越好。

（2）每股营业现金净流量＝经营现金净流量÷普通股股数。反映企业最大的分派股利的能力。

（3）全部资产现金回收率＝经营现金净流量÷全部资产。反映企业资产产生现金的能力。

（4）盈余现金保障倍数＝经营现金净流量÷净利润。反映企业收益的质量。

6. 现金流量表的财务弹性分析

财务弹性是指企业适应经济环境变化和利用投资机会的能力。现金流量超过需要，有剩余的现金，适应性就强。可以通过分析"现金供应÷现金需求"来评价财务弹性。

（1）现金满足投资比率＝近5年经营现金流量净额÷近5年资本支出、存货增加、现金股利之和。该比率越大，说明现金的自给率越大。

① 若指标小于1，表明资金的供应不能满足需求。
② 若指标等于1，表明资金的供应正好满足需求。
③ 若指标大于1，表明资金的供应有剩余，应考虑投资。

（2）现金股利保障倍数＝每股经营现金流量净额÷每股现金股利。该比率越大，说明支付现金股利的能力越强。

（三）利润表分析

利润表是反映一定会计期间的经营成果的报表。通过阅读利润表，创业者可以知道企业在一定会计期间收入、费用、利润的数额、构成情况，全面了解企业的经营成果，分析企业的获利能力及盈利增长趋势,为做出推动企业发展的经济决策提供依据。

1.什么是利润表

利润表也称为损益表、收益表,是总括反映企业在一定期间内(月度、年度)利润盈利或亏损情况的会计报表,它将"收入-费用=利润"的公式用表格形式直观地表现出来。

2.利润表的作用

(1)反映企业的盈利能力,评价企业的经营业绩。

(2)发现企业经营管理中的问题,为经营决策提供依据。

(3)揭示利润的变化趋势,预测企业未来的获利能力。

(4)帮助投资者和债权人做出正确的投资与信贷决策。

(5)为企业在资本市场融资提供重要依据。

3.利润表的内容

一份完整的利润表应包括如图12-1所示的内容。

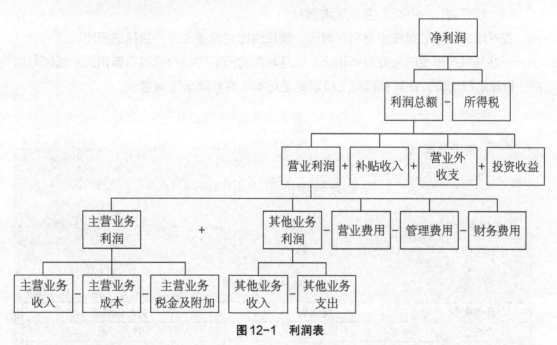

图12-1 利润表

(1)构成主营业务利润的各项要素,包括主营业务的收入、成本、税金及附加等。

(2)构成营业利润的各项要素,包括主营业务利润、其他业务利润、营业费用、管理费用、财务费用等。

(3)构成利润总额的各项要素,包括营业利润、补贴收入、营业外收支、投资收益等。

(4)构成净利润的各项要素,主要包括利润总额和所得税。

4.阅读利润表的步骤

（1）把握结果——赚了多少钱

创业者在看利润表时，一般都有一个习惯动作，即从下往上看，很少有人从上往下看，也就是说首先看的是最后一行的净利润，然后是利润总额，这就是检查经营成果的第一步：把握结果。把握结果的目的是要看一看企业是赚钱还是赔钱，如果净利润是正数，说明企业赚钱；如果净利润是负数，说明企业赔钱。

（2）分层观察——在哪里赚的钱，是来自日常活动还是偶然所得

查看经营成果要分层观察。分层观察的目的就是要让企业明白钱到底是在哪儿赚的。在利润表中，企业的主营业务利润和营业利润是企业日常经营活动所得的利润，最能说明企业盈利能力的大小。如果一个企业在主营业务利润或者营业利润上赚了钱，说明企业具有较好的盈利能力；如果一个企业确实赚了很多钱，但不是主营业务利润，而是通过无法控制的事项或偶然的交易获得的，则净利润不能说明企业盈利能力的大小。

（3）项目对比——对经营成果满意吗

查看经营成果的第三步是项目对比。项目对比通常是与两个目标进行比较。

一是与以前年度的经营成果相比，二是与年初所定的经营预算目标相比。通过与这两个目标进行比较，在某种程度上可以确定对本年度业绩是否满意。

创业分享

利润表与资产负债表的异同

1.区别

利润表与资产负债表的区别见下表。

利润表与资产负债表的区别

具体项目	利润表	资产负债表
报表性质	动态报表	静态报表
反映金额	累计数	余额数
报表内容	经营成果	财务状况
编报基础	利润=收入-费用	资产=负债+所有者权益

2.联系

（1）资产负债表反映企业的经济实力，表中的资源是利润表中所有经营活动开展

的基础。

（2）利润表反映企业的盈利水平，表中的经营成果是资产负债表中所列的资源的使用效益的综合反映，利润表循环往复以至无穷，决定了企业资产的保值增值和企业的发展壮大，如下图所示。

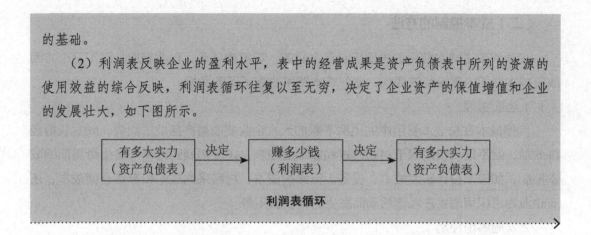

利润表循环

四、成本控制管理

创业者要想使自己的企业能在日益激烈的市场竞争中谋求经济利益，就要学会精打细算，加强成本控制，努力寻求各种降低成本的有效途径和方法，提升自己的竞争优势。

（一）什么是成本

成本是企业生产、销售商品和提供劳务所发生的各种耗费和支出，其组成如图12-2所示。

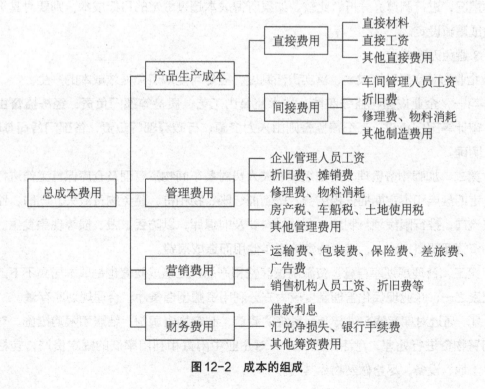

图12-2 成本的组成

（二）成本控制的方法

加强和改进成本费用的内部控制是企业的一项重要任务，创业者应从以下三个方面改善成本费用内部控制的现状，摆脱成本费用居高不下的困境。

1. 全面管理

间接成本在总成本费用中的比例不断加大，企业要取得产品成本优势，同时获得经济效益，就不能仅仅局限于对制造过程成本的控制，还应拓展到整个产品生命周期的成本控制，如控制设计研发成本、设备运行维护成本、材料采购成本和存货仓储成本，还有企业为组织管理生产经营活动而发生的各项费用等。

2. 实施事前控制

成本控制的关键在于制定和建立目标成本指标体系。

目标成本指标需要经过多次测算，根据目标利润选出最佳方案。指标制定过程应以市场为依托，依据市场、行情、各类产品的需求趋势、本企业的资源状况、产品的使用价值及功能计量测算出具有竞争力的产品的最优销售价，然后通过产品销售市场调查，测算本期目标销售收入，优先扣除上缴的税金，预测分析相关经济信息，制定产品销售目标利润，再依据公式"产品单位目标成本 = 产品单位销售价 − 产品单位目标利润"拟定企业的目标成本指标。但这不是最后确定的目标成本指标，财务人员还应在有关人员的配合下根据企业的生产能力、技术水平、设备水平、材料供应渠道以及价格水平等具体情况，进行测算、分析、比较。如果所得成本超过拟定的目标成本，则要对其进行调整或重新设定。

3. 避免无效成本

企业为了实现目标成本、落实责任制度，应尽可能地避免无效成本的产生。

第一，企业应强化监督职能。技术监督由工艺、质检等部门负责，经济监督由财务、审计等部门负责，而纪律监督则由人力资源、行政等部门负责，各部门各司其职，分工明确。

第二，加强物资管理。定期组织有关人员对各车间物资管理及仓库保管工作进行检查，定期盘点和不定期抽查相结合，做到证、账、物相符，避免物资流失。同时，监督物资流向，推行限额领料制度，剩余材料要及时退库，以防丢、毁、损等现象发生。特殊物资管理要责任到人，避免物资被挪作他用而造成浪费。

第三，合理规划库存量。资源闲置浪费和产品积压造成贬值也是成本居高不下的主要因素之一，企业现代化管理制度应为充分利用资源创造条件，合理规划库存量。

① 通过对库存情况进行全面系统的清查，制定物资调剂、结账和限购措施。对一些闲置物资进行处理，盘活闲置资产。对企业中闲置和利用率低的固定资产，包括厂房、土地、设备，尽量做到物尽其用。

② 企业应根据生产需要增减人员和固定资产，实现人员和设备合理配置。先规划出理想的人机比例关系，然后通过分析现有人员的技术层次及现有的技术装备水平，设计实现人机的合理配置，防止人员或机器闲置。

③ 把"零库存"作为库存管理的指导思想，按照以销定产、以产定购的方法合理安排库存量，使其达到最优，避免不必要的仓储管理成本和可能发生的意外损失。

（三）全过程——LCC全生命周期成本控制

生命周期成本（Life Cycle Cost，简称LCC），也被称为生命周期费用，是指产品在有效使用期间所发生的与该产品有关的所有成本，包括产品设计成本、制造成本、采购成本、使用成本、维修保养成本、废弃处置成本等。产品生命周期成本如图12-3所示。

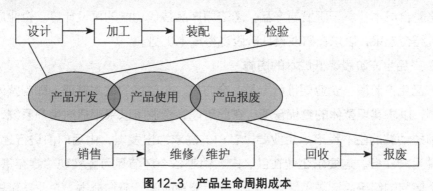

图12-3　产品生命周期成本

1. 产品生命周期成本的构成

产品生命周期分为四个阶段，即产品研发设计阶段、产品生产阶段、产品营销阶段和产品使用维护阶段。

（1）产品研发设计阶段。此阶段的成本包括企业研究开发新产品、新技术、新工艺所产生的新产品设计费、工艺规程制定费、设备调试费、原材料和半成品试验费等。

（2）产品生产阶段。此阶段的成本包括企业在生产采购过程中所产生的料、工、费及由此引发的环境成本等社会责任成本。

（3）产品营销阶段。一种产品是逐步进入市场、逐步被人们认识和接受的，产品营销成本包括在此过程中产生的产品试销费、广告费等。

（4）产品使用维护阶段。此阶段的成本包括产品的使用成本和维护成本。此外，还包括因产品报废而产生的处置成本。

2. 各产品阶段降低成本的措施

（1）产品研发设计阶段降低成本的措施

产品研发设计是生产、销售的源头，首先，企业可以引进目标成本管理的思想来控制成本。目标成本是指在新产品的研发设计过程中为实现目标利润而必须控制的成本值，目标成本＝目标售价－目标利润。在产品研发设计阶段，管理者应进行市场预测、可行性研究，制定出目标售价，然后根据确定的目标利润倒推出目标成本。客观上存在的研发设计压力会迫使研发人员使用合理的方法有效控制成本。

其次，企业还可引入技术和经济相结合的价值工程法，从分析客户需求的功能出发，研究如何降低成本，从而获得最大经济效益。产品价值是产品的功能和成本的综合反映。

企业主要可通过以下两种方法提高产品价值：

一是维持产品的功能不变、降低成本；

二是维持产品的成本不变、增加功能。

最后，企业还应努力避免陷入产品研发设计阶段存在的一些误区，如只关注表面成本，忽略隐含成本；急于研发新产品，忽略原产品替代功能的再设计等。企业应将上述措施有机结合起来，以求在研发设计阶段赢得成本优势。

（2）产品生产阶段降低成本的措施

在产品生产阶段，企业要推行全员、全方位、全过程的成本管理，即用整体的观念通盘筹划，以求实现整体的最优管理。在此阶段，企业可以采用适时生产系统，即一种由后向前拉动式的生产程序。企业要以客户的需求为出发点，由后向前进行逐步推演，全面安排生产任务。这要求企业在供、产、销等各个环节尽可能实现"零存货"，从而优化各个环节的等待、运送和储存过程，大大缩短时间，节约成本。企业还可进行作业管理。作业管理是以作业为核心，以作业成本计算为中心，以产品设计、适时生产和全面质量管理等基本环节为重点，由成本分配过程和作业分析过程有机组合而成的全新的企业管理方法。此外，企业还可以通过不断改进和优化企业的作业链来改进和优化企业的价值链，以促进企业经营目标的顺利达成。

（3）产品营销阶段降低成本的措施

目前市场上流通的同类产品的性能、质量相差无几，除了利用价格优势吸引客户外，采用新形势下推陈出新的营销手段也是企业提高销量、增加利润的有效方法，如采用个性化的广告设计、包装、促销手段等。

为降低产品营销阶段的成本，企业可以进行供应链管理。供应链管理是基于最终客户需求，对围绕提供某种共同产品或服务的相关企业的信息资源，以基于互联网技术的软件产品为工具进行管理，从而实现整个销售渠道或商业流程优化的过程。

（4）产品使用维护阶段降低成本的措施

在这一阶段，企业要努力减少由于产品质量问题而造成的各种损失，要减少索赔违约损失、降价处理损失，以及对废品、次品进行包修、包退、包换而产生的客户服务成本等。

此外，企业还应对因提高客户满意度而支出的大量维护成本进行有效管理，在提高产品质量的基础上降低维护成本，并建立有效的信息反馈机制，保证客户需求得到及时满足。

（四）全员——目标成本管理

目标成本管理是全员参与、以管理目标为导向、对企业生产经营全过程实施全方位控制与优化的成本管理体系。其突出特点是全员参与目标管理，要求企业全体员工都投身到企业成本目标的制定、分解、执行、监督和评估中，形成系统优化和持续改善的成本管理机制，以提升企业的成本管理水平和成本竞争优势。

1.何谓目标成本

目标成本是企业在成本预测的基础上制定的未来应达到的成本水平，是企业在成本管理上的奋斗目标。企业确定目标成本的意义如图12-4所示。

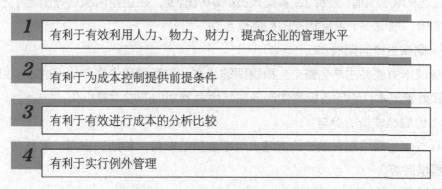

图12-4　企业确定目标成本的意义

2.目标成本管理的原则

目标成本管理的原则如图12-5所示。

图12-5　目标成本管理的原则

（1）以市场价格为引导

目标成本管理体系通过具有竞争力的市场价格减去期望利润来确定目标成本。价格通常由市场上的竞争情况决定，而目标利润则由企业及其所在行业的财务状况决定。

（2）关注客户

企业在产品及流程设计决策中应同时考虑客户对质量、成本、时间的要求，并以此为引导开展目标成本管理。

（3）关注产品研发设计

企业应在产品研发设计阶段投入更多的时间，消除那些成本高又费时的暂时不必要的改动，以缩短将产品投放到市场上所需的时间。

（4）跨职能合作

目标成本管理体系下，产品与流程团队由来自各个职能部门的成员组成，包括研发设计部门、生产部门、销售部门、采购部门、成本会计部门等。所有跨职能团队的成员都要对产品负责，而不仅仅是各司其职。

企业在开展全员目标成本管理活动时，需要按照员工的岗位职责，设计出相应的目标成本。企业在进行全员目标成本管理的过程中，首先要划分成本控制实体，应根据企业生产工艺的特点和职能部门、各类人员的职权范围，在企业内部划分出若干不同层次的责任实体，形成一个纵横相交的控制体系。

（5）削减生命周期成本

目标成本管理关注产品整个生命周期的成本，包括购买价格、使用成本、维护与修理成本和处置成本，它的目标是使产品在其生命周期内的成本最小化。

（6）价值链成员的参与

目标成本管理过程有赖于价值链上全部成员的参与，包括供应商、批发商、零售商和服务提供商等。

3.目标成本管理的关键措施

目标成本管理是目标管理和成本管理的结合。企业进行目标成本管理的关键措施如图12-6所示。

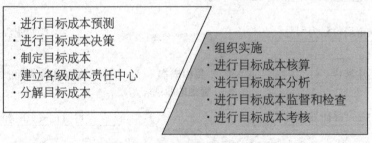

图12-6　目标成本管理的关键措施

（1）进行目标成本预测

目标成本预测是指根据有关的资料，运用一定的方法，对将来不同情况下可能产生的成本及成本的变化发展趋势进行测算。有效的目标成本预测可以为目标成本决策、目标成本计划和目标成本控制提供及时、有效的信息，避免决策、计划和控制中的主观性、盲目性和片面性。

（2）进行目标成本决策

目标成本决策是指在目标成本预测的基础上，结合相关资料，综合运用定性和定量方法，制订最优成本效益方案。企业在经营活动过程中要进行各种决策，如建厂、改建、扩建、技改的决策，新产品设计决策，合理下料方案的决策，自制或外购零件的决策，经济采购批量的决策，薄利多销的决策，等等。

（3）制定目标成本

目标成本的制定要遵循"先进性、科学性、严肃性、通俗性、可行性"的原则。制定科学合理的目标成本是成本控制的前提和基础，也是目标成本管理贯彻实施的关键。

在目标成本预测与决策的基础上，企业要通过一定的程序，运用一定的方法，以货币形式对计划期内产品的生产耗费和各种产品的成本水平设定标准，并以书面文件的形式确定下来，作为目标成本执行和检查考核的依据，即制订目标成本计划。通过制订目标成本计划，企业可以在降低产品成本方面提出明确的目标，推动自身加强目标成本管理，明确成本责任，挖掘员工潜力。

（4）建立各级成本责任中心

为实行行之有效的目标成本管理，企业要明确划分和建立各级责任中心，以分清各个部门的职能，正确评价其业绩，从而为目标成本计划的贯彻落实提供组织保证。

（5）分解目标成本

为明确责任，使目标成本成为各级组织奋斗的目标，在确定目标成本后，企业应对其进行自上而下的逐级分解。企业在分解目标成本时要贯彻可控性原则，凡上级可控而下级不可控的成本，由上级控制，不再向下分解，同级之间谁拥有控制权就分解给谁。

（6）组织实施

目标既定，上级人员就应放手把权力交给下级成员，而自己去抓重点的综合性管理。完成目标主要靠执行者的自我控制，上级的管理应主要表现在指导、协助、提出问题、提供信息和创造良好的工作环境等方面。

（7）进行目标成本核算

企业根据产品成本对象，采用相应的成本计算方法，对生产成本进行汇集与分配，计算出各种产品的实际总成本、实际单位成本和责任成本，这个过程即称为目标成本核算。目标成本核算既是对产品的实际成本费用进行如实反映的过程，也是对各责任部门产生的各种费用进行控制的过程。

（8）进行目标成本分析

企业要以核算后的目标成本及其他有关资料为基础，运用一定的方法，揭示目标成本水平的变动,通过对影响目标成本水平变动的各种因素及应负责任的部门和个人的研究分析,提出积极的建议,以进一步减少产品成本。

(9)进行目标成本监督和检查

企业要加强对目标成本的监督,通过检查企业目标执行的各项工作,找出问题,明确责任,从而保证成本制度和财经纪律的贯彻执行,改进目标成本管理体系。目标成本检查的内容一般包括检查企业目标成本管理责任制的建立和执行是否合理、有效,检查目标成本管理的基础工作是否健全和完善,检查目标成本核算方法和程序是否真实、数据是否可靠,等等。

(10)进行目标成本考核

企业应定期对目标成本计划及其有关指标的实际完成情况进行总结和评价,这样可以鼓励先进,鞭策后进,监督和促使自身加强成本管理,履行成本管理责任,提高目标成本管理水平。目标成本考核大多是在企业内部车间、部门、班组、个人之间进行的。

五、股权融资管理

对于中小企业,尤其是初创企业,融资一直都是企业发展的重要一环。由于债券融资需支付本金和利息,在一定时期内会提高企业的负债率,且不利于企业的资金流动,而股权融资无须还本金,只需出让一部分股权即可引入较多的资金供企业发展,因此,很多企业都会选择股权融资。

(一)什么是股权融资

股权融资是指企业的股东愿意出让部分企业所有权,通过企业增资的方式引进新的股东的融资方式,总股本同时增加。股权融资所获得的资金,企业无须还本付息,但新股东将与老股东同样分享企业的盈利。

(二)股权融资的特点

股权融资具有图12-7所示的特点。

长期性	不可逆性	无负担性
股权融资筹措的资金具有永久性,无到期日,无须归还	企业采用股权融资无须还本,投资人欲收回本金,需借助流通市场	股权融资没有固定的股利负担,股利的支付与否和支付多少视公司的经营需要而定

图12-7 股权融资的特点

（三）股权融资的方式

股权融资有如图12-8所示的三种方式。

图12-8　股权融资的方式

1. 吸收风险投资

风险投资（Venture Capital，简称VC），是指风险基金公司将他们筹集到的资金投入他们认为可以赚钱的行业和产业中的投资行为。

对于有核心技术或者掌握某种独特资源，或者属于当前资本市场特定题材的公司来说，往往会受到风投的关注，股权融资会成为首选。

2. 私募股权融资

私募股权融资（Private Equity，简称PE），是指通过私募形式对私有企业，即非上市企业进行的权益性投资，在交易实施过程中附带考虑了将来的退出机制，即通过上市、并购或管理层回购等方式，出售持股获利。

私募股权融资已经成为越来越多的中小企业融资之首选。

3. 上市融资

上市融资是中小板和创业板给中小企业带来的新的融资途径，但是企业上市并没有想象中那么简单。企业上市是一项非常庞大的工程，有很多工作要做，需要企业提前1~2年，甚至更长时间开始做各项准备工作。

> **创业启示**
>
> 以上任何一种股权融资方式的成功运用，都首先要求企业具备清晰的股权结构、完善的管理制度和优秀的管理团队等各项管理要素。

（四）股权融资前的估值

估值是企业股权融资中的必要环节，影响估值的因素有如图12-9所示四个方面。

图12-9　影响估值的因素

融资的过程中，投资人很可能会"压价"。为避免企业股权被"贱卖"，创业者应请专业人士来帮助挖掘企业商业模式的价值以及评估股价。商业模式的价值体现在产品的市场前景、有没有好的资源渠道、获客传播能力比同行强多少等方面，而估值则是将故事转化为具体数字的模型，在"故事"和"价格"之间确定逻辑关系。当投资人看到创业者对自己公司有准确的认知和定价的时候，就不会再随意压价甚至设置对赌条款了。

（五）股权融资的时机

一个企业最好的融资时机是运营团队已经面向市场，经历了很多案例的磨合，而且这些案例包含了成功的案例以及失败的案例，从而将产品打磨得相当成熟的时候。也就是说，当产品面向市场且可复制的时候就是融资的最佳时机。

一个企业融资的时机还跟这个企业产业链相关的类比公司有关，如果它的类比公司已经获得了一笔融资，那么就得加快其融资速度，如果它的同行业公司没有进行融资，就可以适当考虑自己的运营规模后再进行融资。

在市场竞争中，先获得融资的企业具有一定的竞争优势。而想要获得融资并不易，尤其是现在创业公司越来越多，竞争压力越来越大，要想成功融资首先要精心打磨自身产品和商业模式。当你的商业模式和产品足够成熟时，再找专业机构进行包装，帮助你和投资机构对接，就会大大提高你的融资成功率。

第十三章　税务筹划管理

一家企业从成立到发展成熟，再到融资上市，每一步的成功都依赖于企业精心的战略部署，税务管理就是其中的重要组成部分。从总体上看，资金、人才和技术是企业重要的生产要素，如果企业的税务管理到位，提前做出恰当的税务安排，就能够在吸引资金、激励人才和布局技术等方面，有效发挥"税务赋能"的作用。

一、税务筹划的原则

合理避税，是纳税人在熟知相关税法的基础上，在符合税法的前提下，通过对筹资活动、投资活动、经营活动等的安排，达到规避或减轻税负的行为。创业者在初创企业时就要进行合理避税，因此必须对纳税进行筹划，即在合理的范围内进行技术层面的操作。

一般来说，税务筹划应遵循如图13-1所示的原则。

图13-1　税务筹划的原则

（一）要合法

企业税务筹划本质上是一种法律行为，应按税收政策指导筹划活动。税务筹划是在国家法律许可范围内，以税法为依据，深刻理解税法精神，在有多种应税方案可供选择时，做出既能帮助企业减轻税负，又合理合法的抉择。税务筹划是有别于避税、偷税、骗税、逃税等违法行为的企业正当管理行为。

（二）要超前

企业税务筹划行为是相对于企业纳税行为而言，具有超前的特点。在实际经济活动中，纳税义务的发生具有滞后性。税务筹划是在纳税义务确立之前所做的对经营、投资、理财等活动的筹划与安排。如果经济活动已经发生，应纳税款已确定，就必须严格依法纳税，此时再进行税务筹划已失去现实意义。

（三）要有目的

企业税务筹划的目的是最大限度地减轻企业的税收负担，取得节税利益。企业的节税利益可从两方面获取：一是选择低税负或总体收益最大化的纳税方案；二是滞延纳税时间。但税务筹划不能为节税而节税，必须与企业财务管理的根本目标保持一致，为实现企业价值最大化服务，为实现企业发展目标服务。

（四）要择优

择优性是税务筹划的一个特点。企业在经营、投资、理财活动中面临几种方案时，纳税筹划就是这些方案中选择税务最轻或最佳的一种方案，以实现企业的最终经营目的。纳税方案的择优标准不是税负的最小化，而是企业价值的最大化。

（五）要有时效

国家税收政策是随着政治、经济形势的不断变化而变化的。因此，在进行税务筹划时，必须随时关注税收政策的变化，适时地做出相应的改变，注重税收政策的时效性。

二、税务筹划的关键时机

企业从设立到经营的过程中，有一些关键的时间点，是进行税务筹划非常有利的时机，把握住这些时机，往往会使税务筹划的难度降低，取得的筹划效果也是最好的。

（一）投资设立时

投资设立时是税务筹划的一个关键点，原因如下。

（1）不同企业的性质不同，税收政策也不相同。例如，内资企业和外资企业在所得税方面就有很大的差异，公司制企业和合伙制企业在征收的税种上也有很大的差异。合伙制企业不缴企业所得税，而只缴个人所得税。

（2）企业设立的地域不同，税收政策也不相同。同样是生产性外商投资企业，设在经济技术开发区的税率为15%，而设在经济开发区所在城市老市区的，税率就为24%。

（3）企业所在的行业不同，税收政策也不大相同。如软件企业有很多的税收优惠。

（4）企业雇用的人员不同，也会带来税收上的差异。如安置残疾人、下岗职工、随军家属等，就可能获得相关的税收优惠。

（二）企业合并、分立时

企业的合并与分立，不仅是比较复杂的法律事务，也是比较复杂的涉税业务。企业在分立时、合并中，不同的合并、分立方式对企业纳税的影响也不相同。因此，财务经理在企业进行合并、分立时，必须充分进行税收政策的调研，制订相应的、最优的纳税方案，从而达到规避风险、降低税负的目的。

（三）重大政策调整时

一项重大税收政策的调整对企业的影响是非常大的，如果不及时了解这些税收政策的变化，就可能对企业造成一定的负面影响。

（四）企业对外签订重大合同时

企业对外签订重大合同时，合同中的很多条款是直接与税收发生关系的。如付款方式是采取预收货款、分期付款，还是代销合同，这些条款签法不同，企业纳税义务发生的时间就不一样。再比如，这个合同是否属于应税合同、是否贴花、如何贴花等，不同的签法直接关系到是否征税、征什么税种，甚至税率都不一样。因此，企业对外签订重大合同时，也是企业纳税筹划的关键期。企业应建立涉税合同报批制度，以达到税务筹划的目的。

（五）非常规业务发生时

企业发生的非常规业务，由于不经常发生，财务人员没有相应的税收概念，反而容易出现税收问题。如企业注册资金的变化，很多财务人员就会忘了贴印花税，等等。这些业务与企业正常业务相比不经常发生，如果不进行税务筹划或设计纳税方案，就可能错失纳税筹划的时机，甚至导致纳税风险。

三、税务风险防范

（一）税务风险现状与成因分析

税务风险现状与成因分析，具体如图13-2所示。

（二）税务风险评估方法

财务经理可以运用数据信息对比分析的方法，对企业履行纳税义务的真实性、准确性、合法性进行综合分析后，做出定性判断。也可以运用指标（比较）分析法，根据企

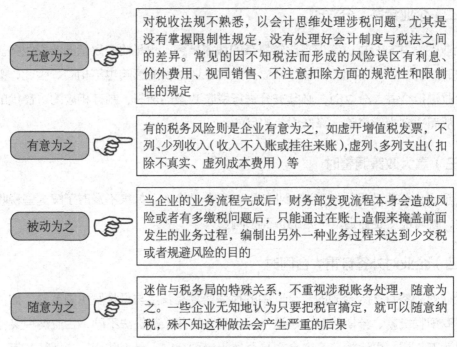

图13-2 税务风险现状与成因分析

业财务报表所载数据的内在关联性,通过趋势性、相关性和结构性的对比分析,设计出能对涉税异常情况进行判断的纳税评估指标和参数值,并根据指标测算结果分析判断涉税性质的方法。

纳税评估的指标主要包括综合指标、分税种指标、行业指标三种。其中,综合指标包括收入类评估分析指标、成本类评估分析指标、费用类评估分析指标、资产类评估分析指标。

(三)税务风险识别和诊断程序

1.收入类项目的税务风险识别和诊断程序

(1)编制收入分析表,应能列示产品或服务类型,区域或部门,境内或境外,自销、代销或受托加工。

(2)将收入分析表与总账和明细账及有关的申报表核对。

(3)对合同订单及生产经营情况进行系统分析,初步审阅收入分析表分类的准确性和完整性,并初步评价增值税、消费税、营业税等税目适用的准确性。

(4)采用分析复核方法,分析业务收入的变动趋势。

(5)将收入账与银行存款、应收账款进行总额调节核对,以确认收入的总体合理性。

(6)确认业务收入会计处理的准确性。

抽样审阅销售业务,进行从原始凭证到记账凭证、销售、应收账款、现金、银行存款、应收票据、存货等明细账的全过程的审阅，核实其记录、过账、加总是否正确。

① 购销双方以货易货，相互不开票。

② 有无将主营收入转入"其他往来"账户长期挂账。

③ 有无将销售边角废料的收入直接冲减"原材料"账户。

④ 运费收入有无直接冲减"管理费用"账户。

⑤ 有无企业专项工程、福利使用本企业产品，直接冲减"产成品"账户。

⑥ 有无收取现金不入账的（对外零售材料产品，残次品边角、废料等）。

⑦ 有无将内部销售（出售给职工）的产品直接冲减"制造费用"账户。

⑧ 审阅收入的确认时间是否正确。

⑨ 确认收入计价的合理性：审阅是否存在价格明显偏低而无正当理由者；审阅价格浮动（促销）政策是否合理。

⑩ 确认销售退回、折扣与折让处理的正确性。

⑪ 截止性测试。

2.成本类项目税务风险的识别和诊断程序

（1）评价内部控制制度是否有效且一贯遵守。

（2）审阅产品销售成本计算方法是否符合税法规定，并前后期一致。

（3）编制销售成本与销售收入对比分析表，并核对有关明细账。

（4）分析各月销售成本与销售收入比例及变化趋势是否合理，如有不正常的波动，则应追踪查明原因，做出正确处理。

（5）从产品的销售成本与生产成本、产成品的勾稽关系验算销售成本的总体准确性。勾稽关系公式如下：

$$生产成本 + 在产品年初余额 - 在产品年末余额 + 产成品年初余额 -$$
$$产成品年末余额 = 产品销售成本$$

（6）审阅销售成本明细账，复核计入销售成本的产品品种、规格、数量与销售收入的口径是否一致，是否符合配比原则。

（7）选取年末前两个月销售成本事项进行截止性测试，审阅是否存在人为操纵期间成本的情况。

（8）审阅销货成本账户中重大调整事项（如销售退回、委托代销商品）是否适当。

（9）结合存货、收入项目的审阅，确认销货退回是否相应冲减了销售成本。

（10）审阅在享受税收优惠政策时，是否将销售成本转入已进入纳税期关联企业的销售成本。

3.税前扣除类项目诊断程序

税前扣除类项目诊断程序的具体内容如表13-1所示。

表 13-1 税前扣除类项目诊断程序

检查项目	具体内容
税前列支的合法性、真实性	（1）检查所附的原始凭据是否真实合法，有无使用白条入账，有无假发票，或是否存在供货单位与发票上印章不符的发票 （2）有无将未真实发生费用与经营无关费用在税前列支。如总机构发生贷款，利息在分支机构列支；其他关联企业的费用在本企业费用中列支
税前列支是否超标	（1）检查工资总额的准确性 （2）检查福利费、工会经费、广告/业务宣传费、招待费列支是否超出规定标准 （3）有无故意混淆会计科目挤占列支的情况，如将应在工资、福利费及工会经费中列支的费用计入其他费用科目；将应在业务招待费中列支的餐费、礼品等招待性费用计入"生产/劳务成本"及其他成本费用科目
资产折旧摊销	（1）应作为固定资产管理的设备是否一次性计入成本费用，固定资产的折旧方法、折旧年限、残值率的适用是否得当 （2）自创或购买的商誉、商标等无形资产是否按规定的期限摊销 （3）固定资产的改建或大修理支出是否按规定计入资产原值或进行摊销处理
违规支出	（1）资本性支出 （2）无形资产受让、开发支出 （3）违法经营的罚款和被没收财物的损失，各种税收滞纳金、罚金和罚款 （4）自然灾害或者意外事故损失的赔偿支出 （5）不符合规定的捐赠及各种赞助支出 （6）无经营需要而提供的担保支出 （7）未经税务审批的资产损失支出 （8）与取得收入无关的其他各项支出 （9）超出规定的利息支出 （10）老板、股东的个人消费性支出

（四）税务风险控制与管理主要内容

税务风险控制与管理主要内容如图 13-3 所示。

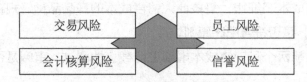

图 13-3 税务风险控制与管理主要内容

1.交易风险

企业的各种交易行为和交易模式因其本身存在的特点，可能影响纳税准确性，进而导致未来税务处罚出现不确定因素，主要包括以下三个。

（1）重要交易的过程没有企业税务部门的参与，并缺乏适当的程序去评估和监控交易过程中的纳税影响。

（2）企业在对外并购的过程中，由于未对被并购对象的纳税情况进行充分调查，等并购完成后才发现被并购企业存在以前年度大额偷税问题，因而不得不额外承担被并购企业的补税和罚款。

（3）企业在采购原材料的过程中，由于未能对供货方的纳税人资格进行有效管控，导致后来无法从供货方取得发票或只能取得虚开增值税发票，因而不得不额外承担不能抵扣的进项税额和增加的原材料成本。

2.会计核算风险

企业因未能准确核算应纳税款而导致未来遭到税务处罚的不确定因素，主要表现在如图13-4所示的两个方面。

图13-4　会计核算风险的表现

3.员工风险

员工风险是企业因人为原因而导致未来利益损失的不确定因素之一。例如，税务岗位员工的频繁变动，员工的丰富工作经验未能被书面留存，企业缺乏定期的员工技能培训制度，企业缺乏有效的员工奖惩机制等。员工风险是所有纳税风险中的根本风险，它是最难控制和管理的一种风险。

> **创业启示**
>
> 发生员工风险可能对企业造成不良影响，如员工缺乏责任心；企业无法按规定进行涉税处理或及时申报纳税；经验丰富的税务人员离职，继任者需要从头开始处理纳税工作等。

4.信誉风险

信誉风险对企业的影响可能是深远的、无法计量的。信誉风险是企业外界因企业税务违规行为而对其信誉产生怀疑，并导致未来利益损失的不确定因素之一。例如，企业的知名度较高，管理层习惯打税务"擦边球"；企业没有和税务机关以及媒体保持良好的公共关系。

> **创业启示**
>
> 发生信誉风险可能会造成企业因欠税被税务机关公告、因偷税问题被媒体曝光，从而引发政府部门的不信任、合作伙伴的撤退、公众的指责。

（五）税务风险的控制措施与管理方法

第一，财务部应参与企业战略规划、重大经营决策、经营模式和经营协议的研究与制定，通过纳税结果预测、风险因素分析、税务执法环境评价等步骤，分析经营活动及其业务流程中可能出现的税务风险，调整和完善经营行为及流程，制定相应的风险规避与管理措施，并跟踪和监控相关活动的全部过程。

第二，财务部应协同相关职能部门，管理企业日常经营活动中的税务风险，主要包括以下四个内容：

① 参与制定或审核企业日常经营业务中涉税事项的处理方法和规范；

② 制定各项涉税会计事务的处理流程，明确各部门的职责和权限，保证对税务事项的会计处理符合相关税收法规；

③ 制定和完善纳税申报表编制、复核、审批以及税款缴纳的程序，明确相关职责和权限，保证纳税申报和税款缴纳符合税法规定；

④ 按照税法规定，真实、完整、准确地准备和保存有关涉税业务资料，并按相关规定进行报备。

第三，定期进行税务风险的评估和诊断。

第四，与税务机关及其他相关单位保持有效的沟通，及时收集和反馈相关信息。同时，建立和完善税法的收集与更新系统，及时汇编企业适用的税法并定期更新。

第五，定期对涉税环节的经营人员和涉税会计人员进行培训，不断提高其业务素质和税务风险意识。

第十四章 风险防范管理

风险指企业在未来经营中面临的可能对其经营目标产生影响的所有不确定性因素。

一、创业风险的含义

创业风险指由于创业环境的不确定性,创业机会与创业企业的复杂性,创业者、创业团队与创业投资者的能力与实力的有限性,而导致创业活动偏离预期目标的可能性及其后果。

二、创业风险的类型

"创业有风险,投资需谨慎",这句话可以说是每一个创业者耳熟能详的一句商界格言了。那么,创业都有哪些风险呢?按照不同的标准,风险可分为不同的类型,在此主要按照风险内容的表现形式来划分。具体如表14-1所示。

表 14-1 风险的类型

序号	类型	具体说明
1	机会选择风险	指创业者由于选择创业而放弃自己原先从事的职业,所丧失的潜在晋升或发展机会的风险。如辞职开办个体网吧,影响自己的职称评聘、职位晋升和所学专业上的建树
2	环境风险	指由于创业活动所处的社会、政治、经济、法律环境等发生变化或由于意外灾害导致创业者或企业蒙受损失的可能性。如战争,国际关系变化或有关国家政权更迭、政策改变,宏观经济环境发生大幅度波动或调整,法律法规的修改,创业相关事项得不到政府许可,合作者违反契约等给创业活动带来的风险
3	人力资源风险	指由于人的因素对创业活动的开展产生不良影响或使其偏离经营目标的潜在可能性。如创业者自身的素质和能力有限、创业团队成员的知识和技能水平不匹配、管理过程中用人不当、关键员工离职等因素是人力资源风险的主要诱因
4	技术风险	指由于技术方面的因素及其变化的不确定性而导致创业失败的可能性,包括技术成功的不确定性、技术前景的不确定性、技术寿命的不确定性、技术效果的不确定性、技术成果转化的不确定性等。

续表

序号	类型	具体说明
5	市场风险	指由于市场情况的不确定性导致创业者或创业企业损失的可能性,包括产品市场风险和资本市场风险两大类。如市场供给和需求的变化、市场接受时间的不确定、市场价格的变化、市场战略失误等
6	管理风险	指管理运作过程中因信息不对称、管理不善、判断失误等因素影响管理科学性进而带来的风险。如水平低下的家庭式管理,管理者素质低下、缺乏诚信,权力分配不合理,管理不规范,随意决策等
7	财务风险	指创业者或创业企业在理财活动中存在的风险。如对创业所需资金估计不足、难以及时筹措创业资金、创业企业财务结构不合理、融资不当、现金流管理不力等因素都可能会使创业企业丧失偿债能力,导致预期收益下降,形成一定的财务风险

三、创业风险的管理策略

针对各种类型的创业风险,创业者可借鉴如图14-1所示的策略来加强创业风险。

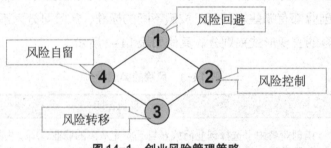

图14-1 创业风险管理策略

1. 风险回避

风险回避是指主动终止、放弃某种决策方案或调整、改变某种决策方案的风险管理方式,适用于以下情形。

(1)创业者对该风险极端厌恶。

(2)存在可实现同样目标的其他方案,其风险更低。

(3)创业者无能力消除、转移、抑制或防范该风险。

(4)创业者无能力承担该风险,或承担风险得不到足够的补偿。

2. 风险控制

风险控制不是放弃风险,而是有目的、有意识地通过计划、组织、控制和检查等活动来控制风险,主要包括风险抑制和风险预防,如图14-2所示。

图 14-2　风险控制的方式

3. 风险转移

风险转移是指通过契约，将风险转移给受让人承担的风险管理方式，主要包括如图 14-3 所示的两种形式。

通过签订合同，将部分或全部风险转移给一个或多个其他参与者

通过购买保险将本应由自己承担的风险转移给保险公司，从而使自己免受风险损失，这是使用最为广泛的风险转移方式

图 14-3　风险转移的方式

4. 风险自留

风险自留是指风险发生时，自己承担损失，包括如图 14-4 所示的两种形式。

无计划自留	有计划自我保险
未在风险发生前做出资金安排。创业者没有意识到风险或低估风险损失时，容易采用无计划自留方式承担风险	通过建立风险预留基金等方式，在可能的损失发生前，做出各种资金安排

图 14-4　风险自留的方式

四、常见风险的防范措施

一般来说，常见的风险及其防范措施如表 14-2 所示。

表 14-2　常见风险的防范措施

序号	风险类型	风险来源	防范措施
1	机会风险	创业之初，项目选择的随意性带来的风险	（1）在创业准备之初就应该对创业的风险和收益进行全面权衡。将创业目标和个人现状能力进行比较，结合当下的创业环境和个人生涯规划权衡分析 （2）学会在实践中去选择、检验创业项目

续表

序号	风险类型	风险来源	防范措施
2	技术风险	具有一定技术含量的创业项目,技术转化到产品过程中存在的风险	(1)加强对技术创新方案的可行性论证,减少技术开发和技术选择的盲目性,技术创新要聚焦,不能过于分散 (2)要通过组建技术联合体或建立创新联盟等方式来分散技术创新的风险 (3)要不断激发技术开发人员工作的积极性和创造性,高度重视知识产权
3	管理风险	管理运作过程中因信息不对称、管理不善、判断失误等因素带来的风险	(1)加强领导者自身的品德修养,增强企业凝聚力和活力 (2)完善组织结构,增强组织对创新方向的把握 (3)培养良好的企业文化,为一切创新活动创造良好的环境 (4)遵循管理过程的科学性,减少管理人员的随意性。完善决策机制,减少决策失误
4	财务风险	公司财务结构不合理、融资不当使公司可能丧失偿债能力,进而导致投资者预期收益下降的风险	(1)建立财务预警分析指标体系 (2)建立短期财务预警系统,编制现金流量预算 (3)确立财务分析指标体系,建立长期财务预警系统 (4)树立风险意识,健全内控程序,降低或有负债的潜在风险

创业分享

创业者要知道的几类潜在风险

1. 合伙企业需要承担无限责任

企业的组织形式有很多:有限责任公司、股份有限公司、合伙企业、个人独资企业等,不同组织形式所带来的法律风险也不一样。

如果你参与设立和经营的是合伙企业而不是有限责任公司,那么合伙人将需要对企业对外承担无限责任,这会追索到自己的个人财产。而创业者如果误以为"公司是自己的,公司财产也就是自己的",在经营中将公司财产与家庭、个人财产混为一体,则对外发生纠纷时也可能招致公司人格的丧失,失去"有限责任"的保护。

比如,有限责任公司股东如不能证明公司财产独立于股东自己财产,则应当对公司债务承担连带责任,并且会追索到股东个人财产。

而大部分创业者对合伙企业、有限责任公司的权利认知都不清晰,风险也就显而易见了。

2. 认缴出资是股东对公司的负债

公司章程是公司的"宪法"，公司设立时就应在公司章程中明确设计好未来公司的治理结构，但很多创业者甚至都没仔细看过自己公司的章程。企业不重视公司章程设计，不重视公司治理结构，经营中往往就会出现小股东权益得不到保护或大股东管理意图得不到贯彻等情况，甚至导致企业管理陷入僵局。

而公司注册资本采取认缴制，可以"实际不出资"，因此，很多创业者为展示公司实力，会超出需要和能力提高"注册资本"。但按照法律规定，股东认缴出资属公司财产，股东没有缴纳的出资是股东对公司的负债，当公司资不抵债时，股东必须将欠缴的出资缴纳到位以清偿公司的债务。即便公司采取减资，也必须在减资前确保公司债务得到充分清偿。否则，一旦企业经营出现危机，法律风险就骤然而至。

3. 人情担保的潜在风险

企业经营中出现资金不足，是多数企业都会遇到的情形，常见的融资方式有银行借贷、民间借贷、股东追加投资、吸收新股东增资扩股、引进战略投资者、发行公司债券、上市融资（IPO或增发股票）等。

不同融资方式存在不同法律风险，一次融资在不同环节也有不同的法律风险。比如，银行借贷可能陷入"高利转贷""违法发放贷款""贷款诈骗"及其他金融诈骗的法律风险黑洞；民间借贷可能遭遇"非法吸收公众存款""集资诈骗""票据诈骗"或其他金融凭证诈骗等法律风险。

企业在融资过程中，法律风险的防范起着至关重要的作用。而企业在日常经营中，还会遇到朋友或熟人贷款需要担保人，在"这只是规定要求，走一下程序""一定会按时还钱，肯定不会让朋友吃亏"等说辞下，出于友情、关系等在相关担保文件上签字盖章的情况。然而，一旦对方逾期还款，根据法律，担保人就要承担代为清偿债务的责任和义务。因此，一定要慎重对待对外提供担保的事情，包括股东或老板对公司提供担保——股东本来以出资额为限对公司承担有限责任，轻率地对公司提供担保，可能使股东或老板为公司押上全部身家，进而丧失"有限责任"这个对股东或老板的保护墙。

4. 合同签署、履行及终止

很多时候，正因为对合同的法律属性重视不足，创业者对外签署协议时能够保持冷静并进行法务审核；但在内部签署协议的时候，因为双方互为朋友或熟人，出于彼此间的信任和情分，很多责任与义务往往没有讲清楚。

针对合同要点没有做好信息备份和双方书面确认，双方都抱着一丝侥幸心理，想象风险不一定会发生，放弃对可能造成麻烦情形的预防，经常出现如下情况。

（1）因为互为熟人或者朋友，出于情面或者信任，认为合同只是走形式，而不对合同内容进行推敲。

（2）由于不好意思公开谈利弊，急于快速签下合同，套用合同模版，放弃对明显不公平或可能造成重大不利的条款进行谈判。

（3）先签下合同，又期待危险的事情不一定会发生，抱有等发生时再处理的侥幸心理，放弃对可能造成麻烦情形的预防。

所以在签署和熟人相关的法律文件时，如果认为一纸协议只是走走形式，没有对内容进行推敲，后续一旦发生纷争而无法协调时，白纸黑字的协议就会成为证据，情面、信任、侥幸等就变得无能为力。

5. 股东纠纷及公章管理

很多创业公司在注册成立时使用的是格式公司章程，格式章程又大多只是简单抄列了法律法规对公司的基本规定。而法律法规对公司实行股东自治原则，对股东关系协调规定得不是很多，且主要体现在股东会、董事会、监事会构成与工作机制及诉讼权利方面，不能完全满足现实需要。一旦出现股东矛盾、股东拒不参加表决、股东失联等无法做出有效表决的情况，公司就会陷入困境而束手无策，同时会对公司和其他股东造成伤害。

公章（包括法人章、财务专用章、合同专用章、法定代表人私章等）代表公司对权利义务的行使和认可，一旦盖章，就被视为是公司行为，公司要为此承担责任。重要印章的保管和使用，一定要遵循保管人与使用人分离、盖章前要审核确认或批准、盖章登记留底等基本规定。

6. 工商变更及清算、注销

很多企业对实缴注册资本、股权变更及其他重大事项没有进行及时的变更登记，这会造成很大的麻烦。因为根据法律规定，只有进行工商登记了，这些变更才能对股东之外的人生效。

以实缴注册资本为例，一些股东本意是"出资"，将自己的资金交给公司使用，但未进行实缴出资登记，一旦公司资不抵债或进行清算，如果没有证据证明，那么这部分"出资"在法律上是不被承认的，股东还要再次出资以履行股东的出资义务。

再如，股东因为股权转让而导致持有股份减少，但没有进行工商登记，这种情形下，法律会要求该股东按照原来的股权比例而不是减少后的股权比例承担股东责任。至于该股东多承担的责任，则由该股东向受让股东另行主张。

因此，当工商登记事项发生变更时，尤其是注册资本、股东、股权、法定代表人的变更等,务必及时进行工商变更登记,唯有如此,才能对第三人生效,保障公司和当事人的权利。

当出现公司需要停止经营、需要解散的情形时,股东应该及时对公司进行清算,并办理注销公司的相关手续。清算的目的首先是为了防止亏损进一步扩大,从而损害公司债权人和股东的利益;其次是为了清偿公司债务,保护公司债权人的权益;再次是某些情形下,可以将剩余财产(清偿完所有债务后,还有剩余财产)分配给股东,以保护股东权益。而注销的目的是彻底清除公司作为民事责任主体的资格,如同一个人消亡后就不再从事任何行为、承担任何责任一样。

虽然这个过程会比较麻烦和漫长,且会花费一定费用(公司承担),但只有这样,股东才完全履行了其职责,彻底将公司的经营风险与自己隔离开,从而对公司以出资为限承担有限责任。否则,长期停止经营,不仅可能被吊销营业执照,还可能因为放任公司损失的扩大或未经清偿公司债务、股东私分公司财产而承担责任。

第十五章 职业生涯规划

企业实施并做好员工职业生涯规划设计既是出于员工个人的需要，也是出于企业的需要，是员工个人利益和企业利益的有机结合，也是实现企业与个人和谐发展的有力保证。

一、职业生涯规划的概念

职业生涯规划是指组织依据自身的发展战略目标，结合员工的能力、兴趣、价值观等，为员工确定双方都能接受的职业生涯目标，并通过培训、工作轮换、丰富工作经验、绩效考核与薪酬福利等一系列措施，逐步实现员工职业生涯目标的过程。

二、职业生涯管理的目标

职业生涯管理的目标是实现企业和员工的共同发展，是清晰的"双赢目标"，如图15-1所示。

组织根据员工的能力、素质、兴趣等因素，结合岗位要求及职位晋升通道等，对员工的职业发展进行规划，明确员工未来职业发展的路径，并在此基础上建立培训、薪酬、任职资格体系等方面的保障机制，帮助员工成长		组织为员工提供广阔的发展空间，为员工实现职业生涯目标提供必要的条件，最大限度地激发员工的潜能，使员工能最大限度地为企业做贡献

图15-1 职业生涯管理的"双赢目标"

> **创业启示**
>
> 帮助员工设计职业生涯有助于提高员工的组织承诺程度，最终实现企业与员工的共同发展。

三、职业生涯规划设计的意义

开展职业生涯规划管理的目的就是通过企业和个人的努力，使企业目标与个人目标渐趋一致，并使员工的自我价值得到实现，使企业获得长足的人力资本，以顺利实现企业目标。其意义如图15-2所示。

意义一 ▶ 避免给企业带来损失

使员工的职业生涯目标与组织发展目标相一致，减少两者目标相违背情况的发生，避免给企业带来损失

意义二 ▶ 有利于留住人才

企业进行员工职业生涯规划有利于稳定员工队伍，可以提高员工满意度，留住现有优秀人才

意义三 ▶ 有利于增强企业发展的可持续性

企业可以更合理高效地配置人力资源，保证企业未来人才需求和企业的可持续性发展，避免企业人才断档和后继无人情况的出现

意义四 ▶ 有利于提高员工自我定位的准确性

增强员工对职业环境的把握能力和对职业困境的控制能力，使员工能够在企业提供的工作平台上更好地发挥自己的才智与能力

意义五 ▶ 有利于提高人才培养的针对性

有利于企业根据发展需求有针对性地培养人才，把培训、管理等资源与手段聚焦在所需的岗位人才上，实现资源的合理配置，帮助人才尽快成长

图15-2 职业生涯规划管理的意义

四、职业生涯规划设计的步骤

员工职业生涯规划可以参照如图15-3所示的5个步骤进行操作。

图15-3 职业生涯规划的步骤

（一）开展自我评价

企业帮助员工确定兴趣、价值观、资质以及行为导向，指导员工思考他目前所处的职业生涯的位置，帮助其制订未来的发展计划。员工评估个人的职业发展规划与当前所处的环境以及可能获得的资源是否匹配。自我评价的要求包括企业和员工两个方面的内容，具体如图15-4所示。

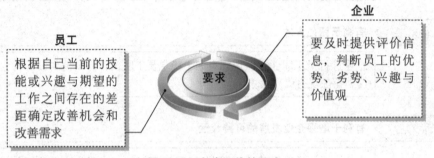

图15-4 自我评价的要求

（二）进行现实审查

企业要帮助员工了解其自身规划与公司潜在的晋升机会、横向流动等规划是否相符合，以及了解企业对其技能、知识所做出的评价等信息。现实审查中信息传递的方式有图15-5所示的三种。

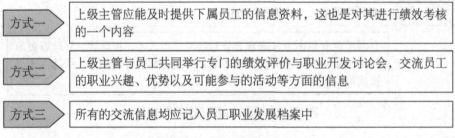

图15-5 信息传递的方式

（三）设定职业目标

员工与上级主管针对目标进行讨论，并将讨论内容记入员工的职业发展档案。企业应根据讨论结果帮助员工确定短期职业目标与长期职业目标，这些目标应与员工的期望职位、应用技能水平、工作设定、技能获得等其他方面紧密联系。

职业生涯目标是一系列目标的组合，需要分阶段来实现。目标分解是将目标清晰化、具体化的过程，是将目标量化成可操作的实施方案的有效手段。职业目标分解是根据观念、知识、能力差距，将职业生涯长期的远大目标分解为有时间规定的长、中、短期分目标,直至将目标分解为某确定日期可以采取的具体步骤的过程。

1.按时间分解

按时间分解是最常见并且也是很容易掌握的目标分解方法,用该方法可将目标分解为图15-6所示的4类。

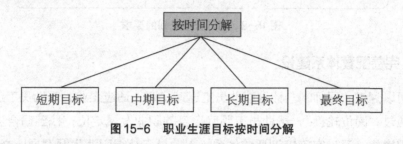

图15-6 职业生涯目标按时间分解

2.按性质分解

按性质可将职业生涯目标分解为外职业生涯目标和内职业生涯目标。其中,外职业生涯目标包括工作内容目标、职务目标、工作环境目标、经济收入目标、工作地点目标等;内职业生涯目标则侧重于在内职业生涯过程中的知识和经验的积累、观念和能力的提高以及内心感受的变化,主要包括工作能力目标、工作成果目标、提高心理素质目标、观念目标等,具体如图15-7所示。

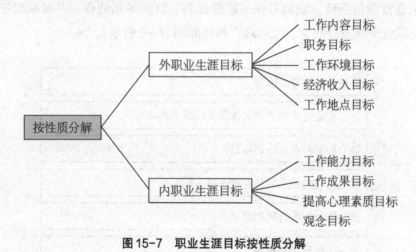

图15-7 职业生涯目标按性质分解

(四)制订行动计划

通过制订行动计划能够帮助员工明白如何才能完成自己的短期职业目标与长期职业目标。制订行动计划的方式主要取决于员工开发的需求以及开发的目标,可采用安排员工参加培训课程和研讨会、获得更多的评价、获得新的工作经验等方式。制订行动计划的要求如图15-8所示。

图15-8 制订行动计划的要求

（五）完善配套体系建设

企业可以通过"导师制"计划帮助员工迅速了解、适应企业，帮助员工迅速适应岗位工作；通过"岗位轮换"，帮助员工明确自身的职业发展定位，找到适合自己职业发展的工作和岗位；通过实施培训评估体系，帮助员工获得职业生涯发展所必需的技能、知识等，为职业发展奠定坚实的基础；建立合理的职位晋升制度，激励员工为更好地实现职业发展而不断努力。

五、员工职业生涯规划设计的要点

员工职业生涯规划贯穿于企业人力资源管理的全过程，在企业战略目标的指引下，应将职业生涯管理与招聘、绩效考核、薪酬福利、培训等相结合，并形成有效的互动，实现对员工职业生涯发展的全方位管理。具体如图15-9所示。

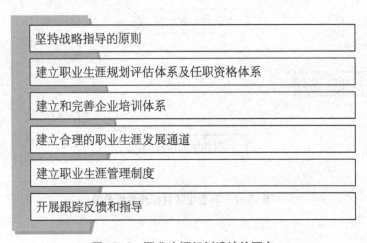

图15-9 职业生涯规划设计的要点

（一）坚持战略指导的原则

员工职业生涯规划是以企业的经营战略和发展目标为基础和指引的，其目标就是实现企业和员工的共同发展。只有当两者能够很好地契合时，员工职业生涯规划才具有实现的可能性。所以，企业必须根据总体的战略目标来开展员工职业生涯规划，在战略目标的指导下，将员工职业生涯规划与组织架构设置、岗位设置和员工晋升、考核等各项管理工作有机结合起来，从而实现员工个人和企业共同协调发展的目标。

（二）建立职业生涯规划评估体系及任职资格体系

员工职业生涯的发展离不开绩效考核，建立与职业生涯发展相结合的评估体系能有效实现职业生涯发展规划的落实。员工职业生涯发展路径与员工个人的绩效考核结果之间存在对应关系，只有当员工绩效达到一定程度时，员工才能够获得职位晋升或者报酬增加。

绩效考核结果的运用与绩效改进是员工职业生涯规划设计的重要配套体系，是员工职业生涯规划有效实施的重要推动力。任职资格体系明确了每一个岗位的工作内容，并设置了对应的任职要求，员工是否能胜任工作岗位的标准就在于是否符合岗位的任职资格。任职资格体系作为员工职业生涯规划的参考路径，既能够引导员工的发展方向，又能衡量员工成长程度，使得员工的能力评价和晋升有了科学的依据，有助于员工进行职业生涯评价。

（三）建立和完善企业培训体系

员工的职业发展离不开合理的培训发展计划，必须结合企业总体发展战略及员工个人需求制订中长期的培训规划计划。一方面通过培训帮助员工了解职业生涯规划的必要性，以及了解自己想做什么和怎么做，帮助员工设定符合其发展的职业规划；另一方面通过培训可以提高员工工作技能、拓展员工知识，全面提高员工的综合素质，为员工职业生涯发展提供必要的条件。

（四）建立合理的职业生涯发展通道

职业生涯规划确定后，企业需要建立相应的职业生涯发展通道。职业生涯发展通道是员工实现职业理想和获得满意工作，或者达到职业生涯目标的路径。企业通过工作分析和工作设计，结合企业组织结构体系、薪酬结构，把内部岗位分为如管理、研发、生产、营销和服务等序列，为员工提供明确的、多元化的职业生涯发展通道。

设计职业发展通道时应该注意图15-10所示的几个事项。

1.远近结合

一方面要让员工能够看到短期内的晋升或发展方向，也就是通过努力能在1～2年内能够实现的目标；另一方面要看到未来3～5年自己的机会在哪里。前者即"立足当前"，后者当然就是"放眼未来"。

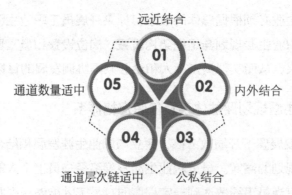

图15-10 职业发展通道设计时应注意的事项

2.内外结合

职业发展通道的设计不能局限于本企业。比如生产管理类岗位，从本企业实际看，未来可以沿着班组长、生产主管、生产经理等职业发展通道成长，未来则可以在自己不断积累的前提下，进入其他同业企业或是其他行业去做生产管理类岗位。本企业的实际积累就是"立足当前"，未来包括跳槽在内的机会就是"放眼未来"。

3.公私结合

企业需要根据业务发展策略为不同职位设计不同的发展通道，员工自身能力、环境、机会的变化也可能导致员工自身的发展诉求发生变化。因此，企业在为员工设计发展通道时，必须考虑到员工自身的能力变化、技能提升等综合因素；员工在一家企业的发展路径也必须与企业实际相结合，两者相辅相成。

4.通道层次链适中

一般这个层次链以4~6层为宜。同时，在分开职等之后，内部还需要进行职级的分类，不同职级，设置不同的薪资，让员工看得到自己正一步步地往前走，可以走也走得到。

5.通道数量适中

虽然有了通道层次链，但是发展数量有限，可能会导致一些骨干员工或者学习上进的员工因为只有一条单一通道而离开。所以，通道要稍微丰富点，让员工找到适合自己的定位。

（五）建立职业生涯管理制度

制度是企业运作的重要保障，企业进行职业生涯管理必须建立相应的保障制度，并形成规范性文件。

（六）开展跟踪反馈和指导

职业生涯发展是一个长期的动态变化过程，企业须加强对员工职业生涯计划实施的跟踪和指导，建立反馈体系，实时通过绩效评估监控员工的岗位匹配程度，定期对其工作进行反馈和点评。对员工与岗位不相匹配的情况，要及时和员工进行探讨、加以修正，帮助其克服存在的不足，监督员工往生涯设定的目标方向发展，最终实现其职业生涯目标。

> **创业启示**
>
> 　　企业在进行员工职业生涯规划设计时必须坚持以企业战略发展为主导，结合员工个人兴趣、个性特征及胜任能力等方面进行综合考虑，以岗位需求及员工胜任特征为基础，设计适合员工发展的职业路径，并建立相应的制度，营造促进企业和员工共同发展的和谐氛围，才能真正做到善用、善留人才，实现双赢。

学习笔记

通过学习本部分内容,想必您已经掌握了不少学习心得,请仔细填写下来,以便继续巩固学习。如果您在学习中遇到了一些难点,也请如实写下来,方便今后重复学习,彻底解决这些难点。

我的学习心得:

1. _____
2. _____
3. _____
4. _____
5. _____

我的学习难点:

1. _____
2. _____
3. _____
4. _____
5. _____